Friedrich Ulrich

Das professionelle 1X1

Cheffing – Führen von unten

Cornelsen

Die Deutsche Bibliothek – CIP-Einheitsaufnahme

Ein Titeldatensatz für diese Publikation ist
bei Der Deutschen Bibliothek erhältlich.

Verlagsredaktion: Ralf Boden
Layout und technische Umsetzung: Theo Spangenberg, Neunkirchen
Umschlaggestaltung: Bauer + Möhring grafikdesign, Berlin

Cornelsen online http://www.cornelsen.de

1. Auflage € Druck 4 3 2 1 Jahr 04 03 02 01

Druck: Lengericher Handelsdruckerei, Lengerich/Westfalen

ISBN 3-464-49076-9

Bestellnummer 490769

Gedruckt auf säurefreiem Papier,
umweltschonend hergestellt aus chlorfrei gebleichten Faserstoffen.

Geleitwort

Führung ist einsam? – Dies muss nicht so sein!

Befragt man erfolgreiche Unternehmerpersönlichkeiten, so kommen diese immer zu dem Ergebnis, dass es die Menschen, die Mitarbeiter sind, von denen der Erfolg eines Unternehmens abhängt. Fachkompetente Mitarbeiter wollen geführt werden; Führung ist Kommunikation.

Vorgesetzte haben sicherlich nicht die Aufgabe, (lustlose) Mitarbeiter zu motivieren. Sie haben aber dafür Sorge zu tragen, dass sie leistungsbereite Mitarbeiter nicht demotivieren. Ihnen obliegt es, ihren Mitarbeitern optimale Voraussetzungen für deren Leistungsentfaltung zu schaffen.

Wenn Vorgesetzte dieser Aufgabe nicht nachkommen, beginnt der persönliche Verantwortungsbereich eines jeden einzelnen Mitarbeiters. Mitarbeiter mit einer kritikfreudigen, willensstarken und robusten Persönlichkeitsstruktur wenden sich an ihre Vorgesetzten und tragen ihre Wünsche und Verbesserungsvorschläge vor. Sie wissen, dass nur durch das Ansprechen von Missständen und eine wertschätzende Kritik ihre persönliche Weiterentwicklung und die Weiterentwicklung ihrer Vorgesetzten möglich ist. Beides bringt das Unternehmen weiter!

Harmonischen, rücksichtsvollen und dünnhäutigen Mitarbeitern fällt es schwer, in gleicher Art und Weise die Dinge beim Namen zu nennen. An dieser Stelle macht sich dieses Buch besonders verdient. Immer wieder greift der Autor den Aspekt: »Was kann ich tun und verändern?« auf und zeigt, welche Möglichkeiten, aber auch welche Verpflichtungen jeder Einzelne hat, um »von unten her« zum Unternehmenserfolg beizutragen.

Dieses Buch enthält persönliche Wertungen des Autors. Wie immer liegt die Wahrheit in der Mitte und ... Übertreiben macht anschaulich! Dieses Buch will Mitarbeiter ermuntern, angemessen und wertschätzend die Dinge beim Namen zu nennen und Vorgesetzte dafür zu sensibilisieren, ein Klima der Offenheit für solche Gespräche zu schaffen. Wenn so die Leistung zum Wohle des Unternehmens gesteigert wird, dann ist dieses Buch ein voller Erfolg!

In diesem Sinne wünsche ich Ihnen viel Spaß und Erfolg beim Lesen.

Oldenburg, im August 2001

Michael Wefers

Leiter Personal und Recht
Mitglied der Unternehmensleitung der
CeWe Color AG & Co. OHG, Oldenburg

Vorwort

Jeder, der grundsätzlich in seiner beruflichen Aufgabe mehr sieht oder sehen will als nur eine lästige Notwendigkeit und sie deshalb engagiert und gut erfüllen und ausfüllen möchte, steht immer wieder in einem Spannungsfeld zwischen den eigenen Ideen, Vorstellungen und Überzeugungen und denen des Unternehmens beziehungsweise seines Vorgesetzten.

Manager werden nicht müde, immer wieder den »unternehmerisch denkenden und handelnden Mitarbeiter« zu fordern. Genauso ist Eigenverantwortung – angeblich – zu einem wichtigen Prinzip in Unternehmen geworden. Statt Führungsleitsätzen werden »Leitlinien für Führung und Zusammenarbeit« formuliert; gegenseitiges Feedback als Prinzip der Zusammenarbeit oder sogar eine Vorgesetztenbeurteilung unterstreichen den Wunsch und die Notwendigkeit, Führen zu einem zweiseitigen Prozess werden zu lassen.

Cheffing bringt diese Ideen für alle »Geführten« auf den Punkt. Mit klarer Handlungsorientierung liefert dieses Buch Handwerkszeug für alle diejenigen, die geführt werden. Cheffing verbindet praxisbezogene Ansätze mit der individuellen Führungssituation und gibt konkrete Hinweise, wie Sie als »Geführter« sinnvoll und zielführend Einfluss auf die höheren Ebenen nehmen können.

Nicht zuletzt beantwortet Cheffing auch die spannenden Fragen, die sich aus Widerständen und Konfliktsituationen für den Einzelnen ergeben. Sei es die Frage, wie jeder Mitarbeiter seine eigenen Fähigkeiten gezielt ausbauen kann oder die Frage, wie man trotz ungünstiger Verhaltensweisen von Vorgesetzten Veränderungen bewirken und absichern kann.

Cheffing als Prinzip wird damit zu einer wichtigen Grundlage für Zufriedenheit und Erfolg im Beruf.

Im August 2001

Friedrich Ulrich

Inhaltsverzeichnis

Teil B

Führungs-Know-how – Führungsinstrumente kennen und anwenden

Teil C

Persönliche Stärken und Potenziale bewusst aktivieren und gezielt entwickeln

Teil D

Die Psychologie tief greifender Veränderungen

Einleitende Gedanken

1 Wirkliche Zufriedenheit mit Vorgesetzten ist selten

Eines der wichtigsten Ziele in meiner Aufgabe als Managementtrainer ist es, Führungskräfte bei der Entwicklung von mehr Sensibilität und mehr Bewusstsein für das eigene Führungsverhalten zu unterstützen, ihnen meine Überzeugungen vom »kooperativen Führen« zu vermitteln und ihnen Unterstützung bei der Entwicklung eines eigenen wirkungsvollen Führungsstils zu geben, mit dem sie Leistung, Engagement und Zufriedenheit ihrer Mitarbeiter positiv beeinflussen können. Dies natürlich nicht als Selbstzweck: Nur wenn in Unternehmen alle handelnden Personen – Mitarbeiter und Führungskräfte – engagiert und motiviert ihren Aufgaben nachkommen, kann das Unternehmen erfolgreich sein. Und erfolgreiche Unternehmen bieten auch in schwierigeren Zeit einen einigermaßen sicheren Arbeitsplatz – zumindest im Vergleich mit erfolglosen Unternehmen.

»Die Treppe wird von oben gekehrt«

Als Managementtrainer fiel mir schon von Beginn meiner Arbeit in Führungsseminaren an ein hochinteressanter Mechanismus auf: Irgendwann kommt in nahezu jedem Seminar der Punkt, an dem plötzlich Diskussionen über das Führungsverhalten der nächsthöheren Führungsebene entstehen: *»Wissen Sie, Ihre Ansätze zur Mitarbeiterführung teilen wir voll und ganz – und wir denken auch, dass wir das in dieser Form schon weitgehend umsetzen. Eigentlich sitzen aber die falschen Leute hier im Seminar – eigentlich müssten unsere Vorgesetzten hier sein, denn die sind es, die offensichtlich nicht richtig führen.«*

Diskussionen dieser Art sind aus meiner Sicht natürlich ein wichtiger Bestandteil von Seminaren – schließlich ist es ja auch ein maßgebender Effekt, wenn Seminarteilnehmer auch das Führungsverhalten anderer einschätzen und beurteilen können und bereit sind, eine kritische Haltung in Bezug auf ungünstiges Führungsverhalten anderer – gegebenenfalls auch des eigenen Vorgesetzten – zu entwickeln. Über diese kritische Haltung hinaus sollten sie auch bereit sein, gezielt Einfluss zu nehmen, wo das Führungsverhalten des eigenen Vorgesetzten als ungünstig angesehen wird.

Statt der Frage, wie man nun in welcher Situation auf den eigenen Vorgesetzten einwirken könnte, erlebte ich allerdings häufig resignierte oder gar ärgerliche Kommentare in der Richtung: *»Das ist zu schwierig.« – »Das habe ich bisher noch nie gemacht.« – »Das habe ich schon so oft versucht – das funktioniert nicht.« – »Das ist mir zu riskant – da zieht man sowieso nur den Kürzeren.« – »Das ist nicht meine Aufgabe.« – »Dafür werde ich nicht bezahlt.« – »Da müsste man ganz oben anfangen, sonst ändert sich ja sowieso nichts.«*

Aber auch Mitarbeiter ohne Führungsaufgaben gehören zu meinen Zielgruppen. Im Seminar »Selbstmanagement« beispielsweise geht es unter anderem um die Frage, wie man selbst mehr Motivation in den eigenen Aufgaben finden kann und wie man ein oftmals hohes Arbeitspensum einigermaßen ökonomisch und damit stressfrei bewältigen kann. Vor jeder Veränderung ist natürlich auch hier eine Situationsanalyse die entscheidende Voraussetzung für die Entwicklung von Verbesserungsstrategien. Auf die Frage »Wer oder was hindert mich, Veränderungen vorzunehmen?« werden auch in diesem Kontext unter anderem sehr häufig der eigene Vorgesetzte und seine Art und Weise der Führung als Hinderungsgrund genannt.

Auch hier nehme ich häufig einen deutlichen Trend zu Mutlosigkeit und Ratlosigkeit wahr oder eine Tendenz, die Dinge »schön zu reden« nach dem Motto »Na ja, so ein großes Problem ist es ja letztlich doch nicht.«.

Kann und darf man auf den eigenen Vorgesetzten Einfluss nehmen?

Kann und darf man denn überhaupt auf den eigenen Vorgesetzten Einfluss nehmen? Wie müsste man es denn anstellen, um sich besser zu artikulieren oder durchzusetzen? Und wenn man es täte, wie würde der Vorgesetzte reagieren – hätte man dann nicht eher »schlechte Karten« und würde sich mehr Nachteile als Vorteile einhandeln? Und vor allem: Wer garantiert denn, dass es besser wird, wenn man versucht Einfluss zu nehmen?

Welches Bild haben Mitarbeiter von ihren Vorgesetzten?

Noch drastischer konnte ich es in Workshops erleben, in denen es darum ging, dass die Mitarbeiter eines Teams gemeinsam ihre Arbeitssituation auf Probleme analysieren und Verbesserungsstrategien definieren sollten. Die Probleme waren allen bekannt und daher schnell und zügig auf den Punkt gebracht. Auf die Bitte allerdings, nun mögliche Lösungsideen zu entwickeln, kamen zunächst einmal kritische Kommentare: *»Dazu habe ich meinem Chef schon viele Vorschläge gemacht – nichts ist umgesetzt worden«* oder noch demotivierter *»Mir wird seit Jahren immer wieder gesagt, dass ich arbeiten und nicht denken soll – warum sollte ich es dann gerade jeztzt anders machen?«*

2 Erschreckende Konsequenzen für Unternehmen

Die oben beschriebenen Tendenzen fügen sich spätestens dann als Teile eines Puzzles zu einem bedrückenden und erschreckenden Gesamtbild zusammen, wenn sich aufgrund der Aufgabenstellung meiner Seminartätigkeit die Gelegenheit ergibt, Meinungen und Stimmungen auf allen Ebenen eines Unternehmen mitzubekommen und die Ursachen genauer zu erforschen.

Hierzu ein recht aktuelles Beispiel:

Praxisbeispiel

Eine Non-Profit-Organisation wurde jahrzehntelang erfolgreich von ihrem überaus engagierten und sich ganz mit den Zielen der Organisation identifizierenden geschäftsführenden Vorstandsmitglied mit straffer Hand geführt. In der Folge des Rückzuges dieses Vorstands aus der aktiven Rolle wurde das Unternehmen in drei Bereiche aufgegliedert und mit Bereichsleitern eine neue Führungsstruktur gebildet. Trotzdem machten sich Unzufriedenheit und Missstimmung in der Organisation breit. In Workshops entwickelten die Mitarbeiter Verbesserungsideen, mit denen häufig der Wunsch an die Bereichsleiter verbunden war, ihre Führungsaufgaben doch bewusster und professioneller wahrzunehmen.

Die Wünsche der Mitarbeiter stießen bei der Unternehmensleitung auf eine Mischung aus Erstaunen, Unverständnis und teilweise sogar Misstrauen, als ob die Ergebnisse der Workshops in irgendeiner Form manipuliert seien. Vor diesem Hintergrund waren zunächst Veränderungen kaum wahrnehmbar.

Eine flächendeckende Mitarbeiterbefragung sollte endgültig mehr Klarheit und Transparenz bringen. Die Kritik an der Führung blieb unmissverständlich und die Ergebnisse bestätigten eindeutig die schon in den Workshops geäußerten Kritikpunkte. Überaus spannend war jedoch zu beobachten, welche raffinierten Positionen der Führungskräfte Veränderungen zunächst fast unmöglich erscheinen ließen:

- *Die Bereichsleiter wiesen die geäußerte Kritik vehement zurück und sahen die Ursache für die Situation primär bei den Vorstandsmitgliedern, die ihnen in der Vergangenheit zu stark in die eigenen Aufgaben hineingeredet hatten – gleichzeitig stellten sie die Kompetenz und das Engagement der Mitarbeiter in Frage. Mit dieser Argumentation kaschierten sie gleichzeitig die Tatsache, dass es definitiv an der notwendigen Führungskompetenz mangelte und dass auch in der Fachkompetenz Defizite nicht mehr zu übersehen waren.*
- *Die Vorstandsmitglieder rechtfertigten ihr Durchregieren als unumgänglich um Fehler zu verhindern, die durch fehlende Fachkompetenz der Bereichsleiter zu entstehen drohten und stellten diesen generell ein schlechtes Zeugnis aus. Trotz der offen an den Bereichsleitern geäußerten Kritik drückten diese sich jedoch um Konsequenzen herum – Abmahnungen wurden angedroht, aber nie realisiert.*

Angesichts dieser Entwicklung war es nicht verwunderlich, dass die Mitarbeiter vor dem Hintergrund der jahrelangen Enttäuschungen und Frustrationen kaum noch Hoffnung auf positive Veränderungen setzen wollten und sich insbesondere überaus unsicher waren, ob sie selbst etwas initiieren und bewegen sollten und welchen aktiven Part sie nun übernehmen könnten, ohne die Situation noch zu verschlimmern.

Nahezu niemand war zunächst bereit, erste Schritte zu tun und eigene Initiative zu entwickeln, um die gewünschten Veränderungen einzuleiten. Kaum einer traute sich zu, überhaupt etwas bewegen oder verändern zu können.

Klar war nur, dass diese Mischung aus Mutlosigkeit, Ratlosigkeit und Resignation einerseits und Schuldzuweisung andererseits keine ideale Basis für ein schnelles Erreichen der auch im Sinne der Unternehmensziele notwendigen Veränderungen bieten würde.

3 Menschen in Unternehmen: signierende und resignierende?

Markante und provozierende Schlagworte bringen es auf den Punkt: In Unternehmen gibt es zwei Arten von Menschen: signierende und resignierende. Der Gebrauch solcher Schlagworte zeigt, dass das obige Beispiel der Non-Profit-Organisation bedauerlicherweise kein seltener Einzelfall ist, sondern dass vielmehr derartige Mechanismen tagtäglich Engagement vernichten, Energie binden und so mögliche Erfolge nachhaltig begrenzen.

Mitarbeiter machen oft schmerzliche Erfahrungen, wenn sie gegenüber Vorgesetzten eine eigene Meinung vertreten

Mitarbeiter haben oft schmerzhafte Erfahrungen gemacht, wenn sie versucht haben, ihre Vorstellungen gegen die Meinung von Führungskräften zu behaupten, indem sie sich mehr oder weniger klar nachvollziehbare Nachteile eingehandelt haben. Plötzlich waren sie von wichtigen Informationen abgeschnitten, interessante Aufgaben mit der Möglichkeit, sich zu beweisen, gingen an andere Kollegen, an ihrer Arbeit gab es auf einmal nur noch Kritik, bei Personalentwicklungsmaßnahmen und bei der Berufswegplanung waren ihre Vorstellungen nicht gefragt, bei Beförderungen kamen andere dran.

Ohmacht gegenüber höheren Hierarchieebenen: »Ober sticht Unter«

Diese Ohmacht gegenüber höheren Hierarchieebenen beschreibt sehr treffend das Schlagwort »Ober sticht Unter«. Viele Mitarbeiter verhalten sich dann auch dementsprechend nach dem Motto: Lieber nicht zu viel riskieren, denn letztlich hat ja doch der Vorgesetzte das letzte Wort oder die endgültige Entscheidung.

Praxisbeispiel

Bei einem Automobilimporteur wurden allen Mitarbeitern neue Arbeitsverträge mit veränderten Bedingungen an-

geboten. Ein Mitarbeiter wollte den neuen Vertrag nicht unterzeichnen und bestand auf der Beibehaltung des bisherigen Vertrages. Sein Vorgesetzter gab ihm folgenden Bescheid: »Ich mache Ihnen einen Vorschlag: Sie nehmen den neuen Vertrag, gehen zwei Minuten vor die Tür und überlegen, ob Sie in diesem Unternehmen jemals noch irgendetwas werden wollen. Wenn Sie sich entschieden haben, kommen Sie wieder herein und dann unterzeichnen wir beide den neuen Vertrag!«

Das hier zum Ausdruck kommende Führen durch Machtmechanismen und durch Informationsvorsprung wird gerne mit dem Bild des »Management by Champignons« karikiert: Die Mitarbeiter im Dunkeln lassen, mit Mist überhäufen und – wenn einer den Kopf herausstreckt – absäbeln.

Wer trägt die Schuld am schlechten Arbeitsklima? ... machtverdorbene und nur auf den eigenen Vorteil bedachte Vorgesetzte?

Sieht es in Unternehmen wirklich so aus, dass es auf der Mitarbeiterebene eher Frustration und Resignation gibt als Zufriedenheit und Engagement? Es wäre generell ein schlechtes Zeugnis für Führungskräfte in Unternehmen, wenn man davon ausgehen müsste, dass sie ihren Einfluss, ihre Kompetenz und ihre Möglichkeiten ohne Rücksicht auf ihre Mitarbeiter einsetzen, anstatt dafür Sorge zu tragen, dass die Mitarbeiter eine Arbeitssituation vorfinden, in der die Erfüllung der Ziele und Aufgaben sichergestellt ist und die persönliche Identifikation und Zufriedenheit gefördert wird.

... oder passive, resignierende Mitarbeiter, die nicht zuletzt auch aus Bequemlichkeit den Weg des geringsten Widerstandes gehen?

Oder ist es vielleicht eher ein schlechtes Zeugnis für die Betroffenen, weil sie nichts mehr unternehmen, um positive Veränderungen zu initiieren? Ist es so, dass viele Mitarbeiter es sich zu einfach machen – den bequemen Weg gehen und über Vorgesetzte lamentieren, anstatt sich selbst aufzuraffen und dafür zu sorgen, dass die eigene Arbeit effektiver ist und mehr Spaß macht?

Nach meiner Überzeugung und vielen Erfahrungen gibt es weitaus mehr Möglichkeiten, auch aus der Rolle des Geführten heraus Einfluss zu nehmen als es den meisten als möglich erscheint.

Dies bewusst und aktiv zu wollen, die Ansätze dazu zu erkennen und die gegebenen Möglichkeiten nutzen zu können, ist die Grundlage dafür.

Cheffing heißt aktiv Einfluss nehmen

4 Zur Zielsetzung dieses Buches

Sie verbringen an Arbeitstagen mehr Zeit am Arbeitsplatz als mit Familie oder Freunden

Sie wissen selbst oder können es leicht rechnerisch nachprüfen, dass Sie – zumindest an den Arbeitstagen – mehr Zeit an ihrem Arbeitsplatz verbringen als im Kreise von Familie oder Freunden. Ist es dann nicht sinnvoll, dafür zu sorgen, dass diese Zeit einigermaßen angenehm verbracht und auch angemessen erfolgreich eingesetzt wird? So, dass Sie den wohlverdienten Feierabend entspannt genießen können, anstatt sich mit Unzufriedenheiten aus dem Arbeitsalltag zu belasten und auch so, dass Sie sich morgens gut gelaunt auf den Weg zur Arbeit machen können, anstatt mit einem unguten Gefühl und vielleicht sogar mit massivem Frust den Alltagstrott immer näher kommen sehen?

Eine ungünstige Arbeitssituation strahlt ins Privatleben aus

Und wenn es nicht positiv aussieht, ist es dann nicht notwendig, über Wege nachzudenken, wieder Zufriedenheit und Spaß in der Arbeit zu finden, statt Ärger oder Resignation zu erleben?

Alle, die nicht ausreichend zufrieden sind und die beruflich und persönlich mehr bewirken und damit erfolgreicher sein wollen – auch oder gerade wenn sie es schon insgeheim aufgegeben haben, etwas zu verändern oder sogar kurz davor stehen zu resignieren – finden in diesem Buch

- viele Anregungen, wie sie die eigene Situation einer kritischen Reflektion unterziehen können, um zu überprüfen, ob wirklich alles ok ist,
- konkretes und grundlegendes Know-how zum Thema Führen, damit sie die richtigen Ansatzpunkte für Veränderungen erkennen,
- praxisbezogene Tipps und Hinweise, mit denen sie auf die Schwierigkeiten im normalen Tagesgeschäft besser vorbereitet sind und konstruktiver agieren können,

- fundierte Insidertipps, um auch in besonders schwierigen Situationen Erfolg versprechende Strategien entwickeln und auch erfolgreich umsetzen zu können.

Gebrauchsanleitung – zur Struktur des Buches

Das Buch leitet von allgemeinen Grundsätzen zu speziellen Inhalten über. Nach diesen einleitenden Gedanken finden Sie

im Teil A: erfahrungsgestützte Ansätze über den Sinn und Zweck von aktiver Einflussnahme und über wichtige Rahmenbedingungen in Unternehmen,

im Teil B: konkretes und umsetzbares Know-how in Bezug auf die Führungsinstrumente und deren Umsetzung aus der Mitarbeiterperspektive,

im Teil C: fundierte Möglichkeiten, sich selbst treffsicher einzuschätzen und persönliche Veränderungsstrategien zu entwickeln,

im Teil D: psychologisch fundiertes und auch praktisch umsetzbares Know-how für Veränderungen in besonders schwierigen Konstellationen.

Wer wird von diesem Buch profitieren?

MITARBEITER

Alle Mitarbeiter ohne Führungsaufgaben können als zahlenmäßig größte Zielgruppe vielfältigen Nutzen aus diesem Buch ziehen, denn sie werden

- viele konkrete und kurzfristig wirksame Anstöße erhalten, um im eigenen Aufgabenbereich mehr zu bewirken und damit ihre berufliche und persönliche Zufriedenheit zu steigern,
- in Ihrem Unternehmen durch eine aktive konstruktive Rolle auf sich aufmerksam machen und damit gewissermaßen Marketing in eigener Sache betreiben,
- sich mittelfristig für Führungsaufgaben fit machen und in die engere Auswahl kommen, wenn beispielsweise die Vertretung Ihres Vorgesetzten ansteht oder wenn ein Projektleiter benötigt wird,

- bei Übernahme einer Führungsaufgabe von Anfang an souverän und zielführend agieren und hohe Akzeptanz ihrer künftigen Mitarbeiter erreichen können.

Führungskräfte

Wenn Sie bereits in Führungsverantwortung stehen, können Sie durch die Auseinandersetzung mit den Inhalten dieses Buches

- das Führungsverhalten Ihres eigenen Vorgesetzten noch besser einschätzen und gezielter auf ungünstige Verhaltensweisen Einfluss nehmen,
- sich gezielter auf Ihre Mitarbeiter einstellen, weil sie deren Bedürfnisse und Erfordernisse besser erkennen und verstehen werden und damit auch adäquater darauf eingehen können,
- sich in der »Sandwich-Position« zwischen den Anforderungen Ihrer Mitarbeiter und denen Ihres Vorgesetzten klarer positionieren und damit sowohl bei Ihren Mitarbeitern als auch bei Ihren Vorgesetzten eine hohe Akzeptanz und Glaubwürdigkeit erreichen.

Teil A Grundlegende Fragestellungen für Ihre Veränderungsstrategie

1 Mit der richtigen Strategie kommen Sie vorwärts!

Cheffing heißt, im Rahmen einer individuellen Strategie gezielt und bewusst handeln

Wenn Sie zu denjenigen gehören, die eine ungünstige Situation nicht unwidersprochen hinnehmen wollen, dann wird es zu einer zwingenden Notwendigkeit, dass Sie sich eine sorgfältig durchdachte Strategie zurechtlegen, mit der Sie künftig bewusst und gezielt handeln können. Im Rahmen der Entwicklung der persönlichen Erfolgsstrategie ist es wichtig, sich mit den bisherigen Aktivitäten und mit den entsprechenden Auswirkungen auseinander zu setzen. Einerseits, um sich die bislang angewandten Erfolgsmuster bewusst zu machen und sie noch gezielter und konsequenter einzusetzen – andererseits natürlich auch, um Stolpersteine und Risiken der bisherigen Vorgehensweisen kritisch zu reflektieren und nach Wegen zu suchen, diese negativen Effekte künftig zu vermeiden.

1.1 Lebenseinstellungen – mehr als nur Erfolgs- oder Misserfolgsstrategien

grundlegende Verhaltensdispositionen und Strategien

Aus der jeweiligen Lebenseinstellung ergeben sich grundlegende Verhaltensdispositionen und Strategien, die Menschen tendenziell in schwierigen Situationen – bei Problemen und Konflikten – unbewusst und gewissermaßen automatisch einnehmen und praktizieren.

Auf den ersten Seiten dieses Buches sind die Kommentare und Stimmungen von Menschen in Unternehmen beschrieben worden, wie ich sie im Rahmen meiner Seminartätigkeit kennen gelernt habe. Aus diesen (breiten und langjährigen) Erfahrungen heraus ist das folgende Modell grundlegender Verhaltensdispositionen und Erfolgs- oder Misserfolgsstrategien entwickelt worden.

Aber Vorsicht: Dieses Modell könnte provozierend wirken – dies allerdings nur, wenn Sie sich persönlich angesprochen fühlen. Wie immer bei solchen Modellen, die menschliches Verhalten klären sollen, werden hier allerdings lediglich Idealtypen ausgewiesen, die in dieser eindeutigen Ausprägung in der Realität nur selten ihre vollständige Entsprechung finden werden. Aus diesem idealtypischen Charakter resultiert natürlich auch eine gewisse Plakativität. Entscheiden Sie also bitte selbst, ob und in welchem Maße Sie sich möglicherweise in diesem Modell wiederfinden.

Wenn ich das Modell in Seminaren zur Diskussion stelle, erfahre ich in der Regel hohe Zustimmung. Die genannten Prozentwerte spiegeln übrigens ebenfalls die Schätzungen von Seminarteilnehmern wider, die mir damit immer wieder bestätigen, dass es offensichtlich für die Analyse komplexer Zusammenhänge einen durchaus praktikablen Erklärungsansatz bietet!

1.1.1 Die Opferhaltung – Schuld sind immer die anderen

Der Abteilungsleiter einer kleineren Spezialbank: »Ich habe meinem Vorgesetzten gesagt, dass ich unbedingt einen Mitarbeiter mehr brauche, damit wir die anfallenden Aufgaben termingerecht erledigen können. Und jetzt verlangt er von mir, dass ich zunächst durch eine Postenstatistik der letzten drei Jahre nachweise, dass wirklich ein zusätzlich Mitarbeiter gebraucht wird. Das sehe ich überhaupt nicht ein – so geht es nicht. Es muss doch genügen, wenn ich sage, dass ich mehr Mitarbeiter brauche. Wenn jetzt künftig Fehler passieren, übernehme ich keine Verantwortung dafür. Für mich steht ohnehin schon lange fest: Solange wir diesen Geschäftsführer haben, wird sich hier nie etwas zum Positiven wenden.«

Ein hoch bezahlter Bereichsleiter der gleichen Bank: »Ich bin jetzt schon über 20 Jahre in diesem Unternehmen. Ich mache mir schon lange keine unnötigen Gedanken mehr – das wird einem ja sowieso nicht gedankt. Wenn Sie solche Geschäftsführer erlebt hätten wie ich, würden Sie verstehen, warum ich jede Woche froh bin, wenn es endlich Freitag ist. Ich jedenfalls habe es schon lange aufgegeben, irgendetwas bewegen zu wollen. Wenn ich woanders unterkäme, wäre ich schon längst fort – aber in meinem Alter gibt es da auch keine Möglichkeiten mehr.« Auf die Lösung irgendwelcher konkreten Probleme und auf seine Erfahrungen aus seiner langjährigen Betriebszugehörigkeit angesprochen, verdrehte dieser Bereichsleiter gequält die Augen und vertraute dem Fragesteller in bedeutungsvollem Tonfall an, dass das Problem ja auf einer ganz anderen Ebene läge und dass er da überhaupt keine Einflussmöglichkeiten hätte. Und überhaupt ...

Übrigens: Auf den Monitor dieses Bereichsleiters prangt ein Aufkleber: Leave me alone, I just have got my crisis – Lassen Sie mich in Ruhe, ich nehme gerade meine Krise. Und: Eine vor zwei Jahren eingestellte und ihm direkt unterstellte Mitarbeiterin war schon nach kurzer Zeit tief enttäuscht und frustriert, weil sie keinerlei Anleitung und Hilfestellung und schon gar keine positiven Impulse erhielt. Schon bald stellten sich Depressionen ein. Nach einem Jahr musste sie sich einer psychotherapeutischen Behandlung unterziehen, weil sie die Situation alleine nicht mehr in den Griff bekam – zwischenzeitlich hat sie gekündigt, weil sie erkannt hatte, dass sie aus dieser Atmosphäre des Jammerns und Klagens herausmusste, um nicht nachhaltig krank zu werden. Im Rahmen ihrer neuen Aufgabe ist sie dann erfolgreich geworden.

Ein junger Abteilungsleiter in einer Versicherung: »Meine Mitarbeiter geben mir ständig das Gefühl, dass ich etwas falsch mache. Unter diesen Umständen kann ich einfach die Abteilung nicht erfolgreich führen. So werde ich die Abteilungsziele nie erreichen. Und mein Vorgesetzter sieht auch nicht ein, dass ich mit diesen unqualifizierten und unselbstständigen Mitarbeitern einfach nicht die Voraussetzungen habe, um das laufende Geschäft sicherzustellen – ganz zu schweigen von der Übernahme neuer und wichtiger strategischer Aufgaben.

Soweit der Originalton von drei Personen mit einer sehr ausgeprägten »Opferhaltung«. Diese Haltung ist eine recht häufig anzutreffende Strategie. Aus dieser »Opferhaltung« heraus reagieren die Betreffenden in schwierigen Situationen fast reflexartig und automatisch so, dass sie die Schuldfrage in den Vordergrund stellen und dabei die Schuld ganz eindeutig und ausschließlich bei anderen sehen – sie selbst haben mit dem Problem und seiner Entstehungsgeschichte überhaupt nichts zu tun. Gleichzeitig finden sie ausreichende Begründungen dafür, dass ihr eigenes erfolgloses Verhalten in einer schwierigen Situation richtig oder zumindest unvermeidbar war.

Opfer glauben, dass ihr oft erfolgloses Verhalten berechtigt ist

In Bezug auf ihr eigenes Verhalten sind die Opfer auch häufig überzeugt davon, dass eine bestimmte Reaktion – und sei sie auch noch so ungünstig – unabänderlich ist: *»So bin ich nun mal, wenn man mir so kommt, dann kann ich einfach nicht anders – dann muss ich so reagieren.«*

Opfer sehen den Grund für ihren Misserfolg immer in anderen

Aus einer solchen – einerseits anklagenden, anderseits jammernden und klagenden – Grundhaltung heraus ist es naturgemäß schwer, Erfolg zu haben. Deshalb sind die »Opfer« selten erfolgreich und stattdessen oft mit Misserfolgen konfrontiert. Allerdings reagieren Sie dann nicht so, dass sie ihre Strategie ändern, sondern sie beharren in ihrer Opferhaltung und schieben die Schuld für die Misserfolge nachhaltig anderen in die Schuhe.

Mit dieser Strategie handeln die Opfer sich weitere Probleme ein. Die Misserfolge führen natürlich dazu, dass sie sich häufiger Kritik ausgesetzt sehen und unangenehme Gespräche führen oder über sich ergehen lassen müssen. Unzufriedenheit, Ärger und Frustration sind die Folge: Sie sind emotional gewissermaßen ständig im roten Bereich. Es liegt auf der Hand, dass, wer sich frustriert fühlt, auch im Kontakt mit anderen Menschen kein besonders positives Echo erfahren wird – die Frustration verstärkt und vertieft sich.

Verhängnisvoller Teufelskreis physischer und psychosomatischer Beschwerden

Problematischer ist allerdings die Tatsache, dass aus dieser emotionalen Situation heraus physische und psychische Beschwerden entstehen können. Psychosomatische Beschwerden sind dann oft der Beginn eines verhängnisvollen Teufelskreises: Aus Beschwerden werden Krankheiten – Krankheiten können oft zu irreparablen Gesundheitschäden führen. Aus anfänglich leichten nervösen Magenbeschwerden kann sich irgendwann ein Magengeschwür entwickeln – und letztlich noch Schlimmeres.

Wer so über längere Zeiträume Frustration, Ärger und Enttäuschung mit sich herumträgt, riskiert letztlich schwerwiegende Probleme. Keine Frage also, dass die Opferstrategie langfristig gesehen alles andere als eine Erfolgsstrategie darstellt.

Auf die Frage an Seminarteilnehmer, welcher Prozentsatz an Mitmenschen tendenziell schnell in eine solche Opferhaltung fällt, höre ich meist spontane Schätzungen mit Werten zwischen 60 und 70 Prozent. Wenn dies wirklich so wäre, wären das schon erschreckend hohe Zahlen. Wohlgemerkt: Es handelt sich hier um Schätzungen von Seminarteilnehmern bezogen auf Ihr berufliches und privates Umfeld. Demnach fallen fast zwei Drittel der Menschen in Unternehmen aus Sicht ihrer Kollegen schnell in eine Opferhaltung, wenn es schwierig oder konfliktträchtig wird!

1.1.2 Die Blender-Strategie – »Ist doch alles kein Problem«

»Ja gut, die Ziele sind vereinbart – aber ob ich die jetzt erreiche oder nicht, das ist eine ganz andere Frage. Es wird alles nicht so heiß gegessen, wie es gekocht wird. Ich denke, das muss man erst mal auf sich zukommen lassen. Natürlich tue ich mein Bestes. Ich denke, dass allein das Bemühen schon wichtig ist. Wenn die Ziele erreicht werden, ist das sicherlich schön – wenn es nicht klappt, muss das aber nicht unbedingt ein unlösbares Problem sein.«

»Dass sich immer wieder mal Mitarbeiter aus meiner Abteilung woanders hin bewerben sehe ich nicht als problematisch an, schließlich will ich ja auch dem Vorwärtskommen der Mitarbeiter nicht im Wege stehen. Bisher haben wir immer irgendwie Ersatz bekommen und mit der Einarbeitung hat sich das dann im Team schon geregelt. Dass es da und dort auch mal Fehler gibt, ist doch ganz normal. Und die Unzufriedenheit im Team wird doch auch nur dramatisiert und unnötig hochgespielt. Konflikte gibt es immer wieder mal, da sollte man als Vorgesetzter meist gar nicht eingreifen. Am besten regelt sich das erfahrungsgemäß von selbst. Sind doch alles erwachsene Menschen. Die raufen sich schon irgendwie zusammen.«

»Die Arbeit hier fordert einen schon – 10 bis 12 Stunden am Tag sind der Regelfall – aber für mich ist das alles kein Problem. Wenn ich merke, dass mir langsam der

Schwung ausgeht, dann besuche ich wieder mal ein Motivationsseminar; das hält dann wieder ein Vierteljahr vor!«

Soweit drei »Blender«. Diese Strategie ist dadurch gekennzeichnet, dass die Blender ihre Augen vor der unangenehmen Realität verschließen oder eine rosarote Brille aufsetzen und bestehende Probleme herunterspielen und verharmlosen. Dadurch lassen sich natürlich bestehende Schwierigkeiten nicht bewältigen und der Misserfolg stellt sich zwangsläufig irgendwann ein.

Blender spielen bestehende Probleme herunter und verharmlosen sie

Selbst dann jedoch gelingt es dieser Spezies immer noch, auch den dann offensichtlichen Misserfolg zu relativieren und womöglich noch einen positiven Kern darin zu erkennen und sich ausschließlich auf diesen zu konzentrieren. Mittelfristig aber ist dies natürlich auch keine Erfolgsstrategie, denn irgendwann lassen sich die Misserfolge nicht mehr leugnen.

Für den Blender sind die Dinge relativ

Diese Verdrängungsmechanismen funktionieren darüber hinaus ohnehin nur bedingt – unbewusst schleichen sich Unzufriedenheit und Resignation ein und dann ist auch der Blender emotional im roten Bereich. Er riskiert damit die gleichen Konsequenzen wie die Experten der Opfer-Strategie. Vielleicht dauert es in der Blender-Strategie nur etwas länger, bis die negativen Konsequenzen ihre volle Wirkung entfalten.

Die Blender-Strategie ist nicht so häufig anzutreffen – auch hier nehme ich wieder Schätzungen von Seminarteilnehmern als Anhaltspunkt, wonach es etwa 10–15 Prozent sein könnten.

1.1.3 Die Unternehmer-Strategie – der Königsweg

Menschen, die überdurchschnittlich zufrieden und überdurchschnittlich erfolgreich sind, leben meist nach den Ideen und Regeln der Unternehmer-Strategie. Sie verstehen sich als »Unternehmer ihres eigenen Lebens« und managen ihr Leben aktiv. Mit »Unternehmer« ist hier jedoch nicht der Selbstständige gemeint, sondern jeder, der im Gegensatz zur Opfer- oder Blender-Strategie auftretende Probleme und Schwierigkeiten bewusst wahrnimmt und sie zunächst einmal einer neutralen Analyse unterzieht, bevor er weitere

Erfolgsorientierte Menschen verstehen sich als »Unternehmer ihres eigenen Lebens«

Aktivitäten unternimmt. Der Begriff »Unternehmer« steht hier also für jeden, der bewusst und eigenverantwortlich handelnd sein Leben aktiv gestaltet.

Die Situation ändern

Cheffing heißt eine Situation verändern oder auf andere Menschen positiv und wirkungsvoll Einfluss nehmen

Also einfach zunächst das Problem analysieren und es dann lösen!? So einfach ist es nun wiederum auch nicht. Natürlich wird oft der erste Versuch in die Richtung gehen, ein Problem dadurch zu lösen, dass man in irgendeiner Form aktiv wird und etwas ändert. Ändern kann heißen, eine Situation zu verändern oder auf andere Menschen positiv und wirkungsvoll Einfluss zu nehmen, damit diese sich in Teilen ihres Denkens und ihres Verhaltens ändern.

Wandeln wir in diesem Sinne einmal das erste Beispiel (Kap. 1.1.1) so ab, dass der Abteilungsleiter als »Unternehmer« agiert und an der durch Personalknappheit schwierigen Arbeitssituation nachhaltig etwas ändern will:

»Es ist schon ärgerlich, dass ich im ersten Anlauf noch nicht das o.k. für die Einstellung eines weiteren Mitarbeiters bekommen habe und nun erst noch einen Nachweis über eine Postenstatistik führen soll. Andererseits hat unser Geschäftsführer ja nicht so Unrecht – eine sachlich fundierte Begründung ist wichtig. Ich werde mir also die Zeit nehmen, weil ich mir sicher bin, dass ich dann alle Argumente auf meiner Seite habe. Gewiss ist unser Geschäftsführer schwierig, aber vernünftigen Argumenten gegenüber ist er in der Regel doch offen. Und weil ich weiß, dass unser Geschäftsführer auch stark nach Tagesform handelt, werde ich außerdem darauf achten, für meine Argumentation den richtigen Zeitpunkt zu finden.«

Kann die Lösung wirklich so einfach sein? Was tun, wenn der Geschäftsführer wider Erwarten nicht auf die sachlich fundierten Argumente eingeht und neue Forderungen stellt oder sich einfach auf einen generellen Einstellungsstopp beruft? Oder wenn er über den erneuten Versuch des Mitarbeiters derart in Rage gerät, dass er klipp und klar erklärt, dass er von diesem Thema absolut nichts mehr hören will und den Mitarbeiter wütend auffordert, sofort sein Büro zu verlassen und dieses Thema nie mehr anzusprechen.

Dann hat der Mitarbeiter zunächst einmal »schlechte Karten«. Und schon lauert natürlich wieder die Gefahr, dass er sich in die Opferhaltung zurückzuziehen wird und sich frustriert und missmutig durch den Rest seines Arbeitstages quält.

Der Unternehmer im Sinne unseres Modells wird allerdings eher einen zweiten oder einen dritten Versuch unternehmen. Er wird vielleicht seine Argumente anders aufbauen, statt der Postenzahlen der Vergangenheit einen Vergleich mit anderen Unternehmen mit ähnlichen Aufgabenstellungen ziehen. Er könnte seine Position noch stärker durch eine konsequent nutzenorientierte Darstellung festigen. Vielleicht geht er auch nach dem Prinzip »Schallplatte mit Sprung« vor und wiederholt seine Forderungen so oft, bis der Geschäftsführer kapituliert und die notwendige Personalverstärkung genehmigt.

Fest steht aber: Es gibt keine Garantie, dass die Versuche, etwas zu ändern, irgendwann erfolgreich sein müssen. Was macht der Unternehmer in einer solchen Situation? Falls die Strategie »Ändern« wirklich nicht möglich ist, sieht der Unternehmer noch immer zwei andere Wege.

Was macht der Unternehmer, wenn seine Änderungsversuche nichts nutzen?

Die Situation aushalten

Eine dieser Strategien heißt akzeptieren oder – drastischer ausgedrückt – »aushalten« zu lernen; sich in einer an sich unbefriedigenden und ärgerlichen Situation so zu positionieren, dass man sich emotional nicht in den roten Bereich hinein bewegt. Also auf Basis einer bewussten gedanklichen Auseinandersetzung mit einer gewissen Gelassenheit eine bewusste Entscheidung zu treffen, sich – möglicherweise auch nur für einen begrenzten Zeitraum – nicht mehr unnötig frustrieren zu lassen, sich nicht weiter in den Ärger hineinzusteigern, sondern seine Energie dorthin zu lenken, wo die Aktivitäten mehr Erfolg versprechen.

Cheffing heißt auch die Energie dort einzusetzen, wo es Erfolg versprechender ist

Aushalten lernen ist eine echte Herausforderung. Es kann nämlich voraussetzen, dass Sie Teile Ihrer grundlegenden Prinzipien in Frage stellen müssen und dass Sie statt zu kämpfen eine neutrale Haltung einnehmen sollen. Gerade das fällt vielen Menschen schwer, denn in Konfliktsituationen verändert sich ja auch die eigene Wahrnehmung – alles, was

Aushalten lernen ist eine echte Herausforderung

mit dieser ärgerlichen Situation zu tun hat, wird dem Betroffenen sofort auffallen und seinen Leidensdruck verstärken. Der Abteilungsleiter in diesem Beispiel wird mit Sicherheit das Thema personelle Unterbesetzung ständig mit sich herumtragen; die Postenzahlen werden ihm nicht aus dem Kopf gehen – es sei denn, ein neues Problem ist noch gravierender.

Wichtig ist auch noch zu wissen, dass diese Strategie oft auch als Übergangslösung geeignet ist, um Zeit zu gewinnen, um sich mit voller Kraft auf andere wichtige Dinge zu konzentrieren oder um auf einen günstigeren Zeitpunkt für die Umsetzung einer Strategie des Änderns zu warten.

Ist Aushalten nicht doch eine Opferstrategie?

Sie werden vielleicht noch immer einwenden, dass sich das doch sehr verdächtig nach der Opferstrategie anhört. Bedenken Sie aber bitte dabei, dass die wesentlichen Unterschiede in zwei Aspekten liegen:

- in der bewusst getroffenen Entscheidung, die Strategie des Änderns zunächst zu verlassen und
- in der Fähigkeit, sich emotional neutral zu positionieren statt Ärger oder Frustration zu erleben bzw. zu erleiden.

Natürlich ist das auch schwierig – denken Sie an eine Situation, über die Sie sich lange Zeit geärgert haben oder sogar jetzt noch ärgern, weil sich einfach nichts verändern lässt. Oft sind es ja nur Kleinigkeiten, wie zum Beispiel die berühmte Zahnpastatube, die jeden Tag und immer wieder offen im Bad liegen bleibt anstatt korrekt verschlossen zu werden. Oder die Monologe des Vorgesetzten, der sich gerne selbst reden hört oder das »Ja gut, aber ...« wenn Ihr Chef Ihren Vorschlag wieder einmal mehr oder weniger elegant ablehnt.

Akzeptieren zu können oder das Aushalten gelernt zu haben ist auch in der Regel das Ergebnis eines längeren und oft auch schwierigen und manchmal schmerzhaften Lernprozesses.

Was, wenn das Aushalten nicht gelingt, weil eine Situation einfach nicht toleriert werden kann?

In manchen Situationen werden Sie dann allerdings auch feststellen, dass es Ihnen einfach nicht gelingt. Welche Optionen bleiben dann noch außer der Opfer- oder Blenderstrategie?

DIE SITUATION VERLASSEN

Konsequenzen ziehen und die Situation verlassen

Für den »Unternehmer« gibt es noch eine weitere konstruktive Option: Wenn er erkennt, dass er weder etwas verändern noch die unbefriedigende Situation wirklich akzeptieren kann, bleibt ihm noch immer der Weg, aus der Situation herauszugehen – die Situation zu verlassen. Also in Bezug auf das oben genannte Beispiel sich auf die Suche nach einer anderen Aufgabe zu machen – entweder innerhalb des Unternehmens eine Versetzung anzustreben oder sich einen neuen Job in einem anderen Unternehmen zu suchen. Denken Sie an die Mitarbeiterin des »Leave-me-alone-I-just-have-got-my-crisis-Bereichsleiters«, die noch rechtzeitig die Kurve bekam und kündigte, bevor sie sich nachhaltige gesundheitliche Schäden einhandelte.

Change it – love it – leave it?

Aha, werden viele Leser spätestens jetzt sagen: »Change it – love it – leave it«, falls Sie diesen aus den USA stammenden Slogan kennen. In Bezug auf »change it« (verändere etwas) und in Bezug auf »leave it« (verlasse die Situation) ist der Slogan auch absolut zutreffend und bringt die gleichen Grundideen wie oben skizziert auf den Punkt.

Erhebliche Zweifel habe ich aber in Bezug auf die Formulierung »love it«. Sorry – aber eine Situation zu lieben, die nachhaltig schwierig und an sich emotional belastend ist, das ist mir doch zu stark übertrieben und plakativ.

Es ist schon ein großer Fortschritt zunächst unbeeinflussbare Situationen so zu integrieren, dass die emotionale Belastung gegen Null tendiert

Nach meiner festen Überzeugung ist es schon ein erheblicher Fortschritt, wenn es jemandem gelingt, schwierige und zunächst unbeeinflussbare Situationen so zu integrieren, dass die emotionale Belastung gegen Null tendiert. Und das lernt der Betroffene auch nicht so nebenbei auf der Basis einer plötzlichen Einsicht – nein: es geht hierbei um einen durchaus langfristigen Prozess des Umlernens. Eine solche Situation dann auch noch zu lieben – nein das kann und muss nicht sein, das ist aus meiner Sicht eine weit überzogene Zielvorstellung ohne jeden Realitätsbezug.

Checkliste für eine selbstkritische Standortbestimmung

Sicher ist es bei genauerem Hinsehen so, dass jeder sich da und dort in der Opfer-Haltung – ein anderes Mal in der Blender-Haltung bewegt und in anderem Zusammenhang wieder aus der Unternehmer-Position heraus agiert. Nutzen Sie die folgende Checkliste für eine selbstkritische Standortbestimmung:

Analysefragen zur Unternehmer-Strategie

- Fühle ich mich manchmal unfähig, bestimmte Dinge zu beeinflussen?
- Resigniere ich in Auseinandersetzungen manchmal zu früh?
- Gehe ich manchmal mit Widerwillen an meine Arbeit?
- Bin ich der Meinung, dass sich Konflikte oft dadurch lösen, dass man sie ignoriert?
- Gibt es Menschen, mit denen ich einfach nicht auskommen kann?
- Fällt es mir schwer, Unabänderliches zu akzeptieren?
- Ist es schwierig für mich, auf andere Menschen Einfluss zu nehmen?
- Gelingt es mir nicht, mein Verhalten bewusst und aktiv nachhaltig zu ändern?
- Kann ich mich gegenüber Höhergestellten schwer durchsetzen?
- Bin ich der Meinung, dass sich die meisten Probleme irgendwann von selbst erledigen?
- Fällt es mir schwer abzuschalten?
- Verfolgen mich Gedanken an die Arbeit auch im privaten Bereich?

bewusste Entscheidung treffen, welche Unternehmerstrategie situationsangemessen ist

Sollten Sie nun den Eindruck gewonnen haben, dass auch Sie sich nicht immer in der Unternehmerhaltung bewegen, sondern sich manchmal auch in den anderen Positionen wiederfinden, bedarf es zunächst nur eines klaren Willens, anders an solche Situationen heranzugehen. Versuchen Sie künftig öfter und bewusster eine Entscheidung zu treffen, welche der drei sinnvollen und möglichen Unternehmerstrategien (ändern, aushalten, verlassen) Sie in einer schwierigen Situation praktizieren werden.

1.2 Klare Strategien sind besser als operative Hektik

Wen Sie sich entschlossen haben, dass Sie etwas gegen eine bestehende Unzufriedenheit unternehmen werden, ist eine strukturierte Vorgehensweise wichtig. Am Beginn jeder Veränderung muss eine neutrale Situationsanalyse stehen. Der nächste Schritt ist das Entwickeln einer klaren Zielposition – was konkret wollen Sie erreichen?

Erst wenn Sie Situations- und Zielklarheit erreicht haben, können sie eine klare Problemdefinition treffen.

Im Rahmen der Problemdefiniton ist auch die Unterscheidung nach folgenden Kategorien hilfreich, um die richtige Strategie zu entwickeln. Differenzieren Sie also Ihre Position im Problemszenario nach den Fragestellungen, handelt es sich um ein:

Um welches Problem handelt es sich?

- Wissen-Problem?
  Angenommen Sie wissen nicht, wie sie Ihre persönlichen Stärken konkret definieren sollen oder Sie haben keine Vorstellung davon, wie Ziele richtig formuliert werden, finden Sie in Teil A allgemeines und in Teil B grundlegendes Know-how.
- Können-Problem?
  Angenommen Sie können zwar Ihre persönlichen Stärken gut einschätzen, haben das aber noch nie Ihrem Vorgesetzten gegenüber vertreten. Dann hilft nur eines: Just do it – einfach ausprobieren und Erfahrungen sammeln. Alle Änderungsstrategien, bei denen Sie mit dem, was Sie tun wollen, Neuland betreten, sollten nach dem Prinzip aufgebaut sein: »Vom Einfachen zum Schweren«. Suchen Sie Situationen zum Üben und steigern Sie jedes Mal den Schwierigkeitsgrad. Tipps und Hinweise dazu finden Sie sowohl in Teil B als auch in Teil C.
- Wollen-Problem?
  Wollen Sie wirklich etwas verändern? Wenn Sie nur halbherzig an Veränderungen herangehen, ist die Erfolgswahr-

Wollen Sie wirklich etwas verändern?

scheinlichkeit logischerweise geringer, als wenn eine hohe und unbeirrbare Erfolgsmotivation dahinter steht. Prüfen Sie Ihre Motivation und sorgen Sie dafür, dass sie wirklich tragfähig ist. Wichtige Hilfestellung dazu erhalten Sie in den Teilen A und D.

Im nächsten Schritt geht es darum, Lösungsideen zu entwickeln und Aktivitäten zu planen. Bei der Planung der Aktivitäten ist ein letzter Prüfschritt das Analysieren potenzieller Probleme – also der Probleme, die durch eine Veränderung gegebenenfalls neu entstehen. So vorbereitet können Sie Ihrer Planung vertrauen. Operative Hektik nach dem Motto »irgendwo ansetzen, damit überhaupt etwas passiert« hat selten zu nachhaltigen Erfolgen geführt.

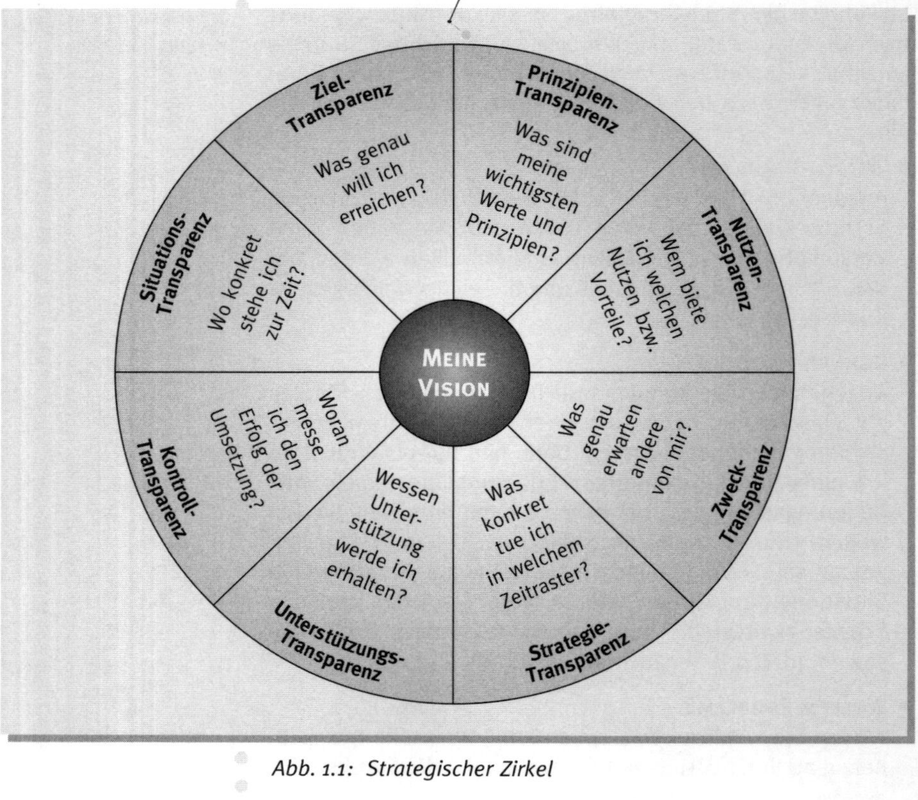

Abb. 1.1: Strategischer Zirkel

Wer das 1 x 1 des Führens kennt und sicher beherrscht verfügt bereits über eine wichtige und grundlegende Voraussetzung, um die Rolle des – wie es vereinzelt immer noch zum Wortschatz von Vorgesetzten gehört – »Untergebenen« oder des »pflegeleichten« oder »stromlinienförmigen« Mitarbeiters abzulegen und stattdessen selbstbewusst seine eigene Rolle als aktiver und konstruktiv mitbestimmender Mitarbeiter zu definieren und auszugestalten.

Führen ist mit Sicherheit keine Geheimwissenschaft, das Know-how ist überschaubar und transparent. Wenn Sie es partnerschaftlich und im Interesse des Unternehmens einsetzen, wird Ihr Vorgesetzter diese Unterstützung schätzen lernen und auch für sich selbst können Sie mehr erreichen.

In vielen Führungskonzepten ist auch der Grundgedanke fest verankert, dass Führen immer ein zweiseitiger Prozess ist.

Führen ist immer ein zweiseitiger Prozess

DA ES IMMER EINE WECHSELWIRKUNG ZWISCHEN VORGESETZTEM UND MITARBEITER GIBT, IST ES AUF JEDEN FALL SINNVOLL, SICH GERADE AUCH ALS MITARBEITER HINREICHEND MIT DEN GRUNDLEGENDEN ANSÄTZEN UND WERKZEUGEN DES FÜHRENS VERTRAUT ZU MACHEN.

Entsprechende Informationen erhalten sie in Teil B dieses Buches.

2 ERMUTIGUNG ZU EINER AKTIVEREN ROLLE

Wenn Sie als Beifahrer in einem Auto sitzen und feststellen, dass der Fahrer nicht so fährt, wie Sie es sich objektiv als richtig vorstellen – beispielsweise unnötig riskant, mit zu geringem Sicherheitsabstand und drängelndem Fahrverhalten oder unaufmerksam und unkonzentriert – haben Sie grundsätzlich mehrere Möglichkeiten:

Die erste Möglichkeit: Sie ziehen – ganz unauffällig – den Sicherheitsgurt straffer, spannen Ihre Muskulatur an, um für den Ernstfall gewappnet zu sein, sitzen dann hellwach aber schweigend auf dem »Todessitz« und spüren, wie verkrampft und unsicher Sie sich selbst fühlen. Sie versuchen deshalb, sich durch den Blick in die vorbeirasende Landschaft abzulenken – müssen allerdings feststellen, dass das höchstens kurzfristig funktioniert und Sie letztlich auch nicht nachhaltig beruhigt oder zu einem besseren Wohlbefinden beiträgt. Den Fahrer auf sein Fahrverhalten aufmerksam zu machen, halten Sie nicht für sinnvoll, weil Sie davon ausgehen, dass er dann nur noch aggressiver und riskanter fahren wird.

Richtig: Das wäre die praktizierte Opferhaltung.

Die zweite Möglichkeit: Sie sagen sich, dass der Fahrer wahrscheinlich sehr routiniert ist, sonst würde er diesen Fahrstil nicht praktizieren. Schließlich war er ja auch bisher kaum in Unfälle verwickelt. Und wenn, dann waren nach seinen Erzählungen jeweils andere die Verursacher gewesen. Außerdem können Sie ja unbesorgt sein, zumal das Fahrzeug über einen hohen Sicherheitsstandard verfügt: ABS, Airbags und Seitenairbags und gute Noten im Crashtest. Warum also sich unnötige Sorgen machen – besser ist es doch, sich über die schnelle und abwechslungsreiche Fahrt zu freuen.

Genau: das wäre die Blender-Strategie – so zu tun, als gäbe es überhaupt kein Problem.

Eine weitere Möglichkeit: Sie äußern ihre Wahrnehmungen und Vorstellungen und versuchen den Fahrer durch entsprechende Bitten zu einem besseren und sicherheitsbewussteren Fahrverhalten anzuhalten. Beispielsweise indem Sie auf Gefahren aufmerksam machen oder auf eigene Erfahrungen in ähnlichen Situationen hinweisen.

Es ist besser eine aktive Rolle zu übernehmen, anstatt sich passiv dem Geschehen hinzugeben und auszuliefern

Natürlich könnten Sie jetzt mit Recht einwenden, dass die letztgenannte Möglichkeit noch lange keine Garantie dafür bietet, dass der Fahrer auf Sie hört und sein Fahrverhalten an Ihre Vorstellungen anpasst. Das stimmt natürlich – allerdings kann es auch damit zu tun haben, wie Sie Ihre Kritik angebracht haben. Auf jeden Fall ist es aber wesentlich angenehmer und hilfreicher für Sie und den Fahrer, wenn Sie eine aktive Rolle übernehmen anstatt sich passiv dem Geschehen hinzugeben und auszuliefern. Und nur so nutzen Sie die vorhandenen Chancen – auch wenn sie nur gering sein mögen.

Genauso verhält es sich im beruflichen Alltag: Wer sich zu einer aktiven Rolle entschließt, diese Rolle konstruktiv ausgestaltet und konsequent spielt, wird auch mehr aus schwierigen Situationen machen können und mehr für seine eigene Motivation und Zufriedenheit tun, als derjenige, der abwartet und zuschaut, wie sich die Dinge um ihn herum ohne sein Zutun entwickeln.

Cheffing steigert die Selbstmotivation

Die Beachtung folgender Punke kann Ihnen helfen, eine aktivere Rolle auszufüllen.

Mehr Erreichen mit höherer Zufriedenheit

Es liegt auf der Hand: Wer mit seiner Situation an sich schon länger unzufrieden ist, wird nicht gerade vor Ideen übersprudeln, die zu nachhaltigen positiven Veränderungen führen. Unzufriedenheit ist natürlich auch Motor und Motivation für Veränderungen – die Wirkung ist jedoch begrenzt. Oft genügt es den Betroffenen schon, wenn die Unzufriedenheit geringer geworden ist – das kann schon Fortschritt genug sein. Voraussetzung hierfür ist natürlich, sich die Gründe für die Unzufriedenheit bewusst zu machen; hier handelt es sich also um ein Wissensproblem.

sich die Gründe für Unzufriedenheit bewusst machen

Erfolgreiches Umfeld als Karrieregrundlage

Ihr persönlicher Erfolg wird immer vom Image und Stellenwert des Umfelds abhängig sein, in dem Sie agieren. Eine Abteilung mit einem negativen Image innerhalb eines Unternehmens kann und wird niemals ein besonders gutes Karrieresprungbrett sein. Wem es aber gelingt, die richtigen Impulse zu setzen, wer es schafft, in einem nur durchschnittlich oder sogar nur unterdurchschnittlich erfolgreichen Umfeld die richtigen Veränderungen zu initiieren und dadurch die Reputation seines Umfelds zu verbessern hilft, schafft selbst entscheidende und wirkungsvolle Voraussetzungen für die nächsten Karriereschritte – sowohl für sich selbst als auch für die »Leidensgenossen«, die Kollegen auf der gleichen Ebene. (Hier handelt es sich also um ein »Können-Problem«.)

Gelingt es, das gegebene berufliche Umfeld für die nächsten Karriereschritte zu nutzen?

Mit erfolgreichen Vorgesetzten selbst erfolgreicher werden

Gerade in einem von starrem Hierarchiedenken geprägten Umfeld ist das Image einer Abteilung letztlich auch entscheidend davon abhängig, wie der jeweilige Vorgesetzte es versteht, die Abteilung nach außen zu repräsentieren. Das kann ihm nur dann gelingen, wenn er sowohl fachlich kompetent ist als auch die Fähigkeit besitzt, die Kompetenzen seines Verantwortungsbereichs nach außen hin positiv zu verkaufen. Die Leistung der Mitarbeiter bleibt im Zweifelsfall unbemerkt.

In der Stabsabteilung einer Großbank werden sowohl die Position des Referatsleiters als auch die Sachbearbeiterpositionen in einem Turnus von 3 – 4 Jahren jeweils neu besetzt. Diese Abteilung gilt daher als interessanter Karrierestep und als Sprungbrett für Mitarbeiter, denn nach erfolgreicher Arbeit in dieser Abteilung steht in der Regel eine höherwertige Linienfunktion in Aussicht.

Die Besetzungspolitik des Bereichsleiters ist unter anderem davon geprägt, dass er Wert darauf legt, keine zu kompetenten und damit zu kritischen Mitarbeiter einzustellen, denn er befürchtet unnötige Unruhe, die er in einem sehr stark von politischen Erwägungen geprägten Umfeld nicht gebrauchen kann. In letzter Konsequenz führt das dazu, dass bei einem Wechsel des Referatsleiters der jeweils neue Stelleninhaber zwar in seiner früheren Tätigkeit recht erfolgreich war, aber in seiner neuen Spezialaufgabe keinerlei Erfahrungen hat. Das Hauptziel des Bereichsleiters – Ruhe in seinem Verantwortungsgebiet – ist damit zunächst gesichert.

Den Mitarbeitern dagegen wird schnell deutlich, dass sie ihrem neuen Vorgesetzten fachlich weit überlegen sind. Die Hierarchie in diesem Bereich ist sehr starr – Dienstwege und Instanzenwege müssen konsequent eingehalten werden – der Bereichsleiter ist für Mitarbeiter normalerweise nicht ansprechbar.

Erfolgreiche Vorgesetzte haben auch erfolgreiche Mitarbeiter

Den Mitarbeitern ist damit schnell klar: Nur wenn sie ihren neuen Vorgesetzten aktiv unterstützen, werden sie weiterhin erfolgreich arbeiten können. Deshalb beschließen sie in einer internen Gesprächsrunde: »Wir werden unseren neuen Chef fit machen, damit er uns wirkungsvoll nach außen und nach oben vertreten kann.«

Nutzen bieten – Nutzen erhalten

Jeder gute Verkäufer weiß es und berücksichtigt es in Gesprächen mit seinen Kunden: nur wenn sein Gegenüber einen Nutzen erkennt, wird er bereit sein etwas zu kaufen. Je größer der Nutzen ist, umso mehr ist der Kunde bereit, dafür zu bezahlen. Und das wiederum nutzt dem Verkäufer – das abgeschlossene Geschäft bringt ihn wieder ein Stück weiter auf dem Weg zu seinen Zielen – es bedeutet sicheres oder besseres Einkommen und oft auch Vorwärtskommen.

Sie fragen sich möglicherweise, ob das, was im Verkauf gilt, auch in der Beziehung zwischen Mitarbeiter und Vorgesetztem gelten kann? Die Gesetzmäßigkeiten zwischen Nutzen bieten einerseits und Nutzen erhalten andererseits sind tatsächlich generell gültig.

Cheffing bietet dem Vorgesetzten Nutzen

Wenn Sie Ihre Ideen und Anregungen so »verkaufen«, dass Ihr Vorgesetzter darin für sich einen Nutzen sieht, dann wird er

- eher bereit sein, solche Vorschläge anzunehmen,
- auch Ihnen wiederum in irgendeiner Form einen Nutzen oder einen Vorteil zukommen lassen. Vielleicht nicht bewusst – vielleicht nicht sofort – vielleicht nicht in der Form, die Sie sich gewünscht hatten – aber auf jeden Fall wird es in der Regel eine für Sie zumindest angenehme Gegenleistung sein.

Unzufriedenheit als Boden für Resignation

Aus einem Misserfolgskreislauf ist nur schwer auszubrechen

Wenn Sie über einen längeren Zeitraum hinweg unzufrieden sind und gar nichts oder nichts ernsthaft und engagiert genug unternehmen, um den Grund der Unzufriedenheit herauszubekommen und Veränderungen zu initiieren, wenn Sie die Unzufriedenheit also eher statisch erleben, kommt zwangsläufig irgendwann der Punkt, an dem die Motivation, etwas zu ändern zunehmend einer Resignationstendenz Platz macht, die bremsend und lähmend wirkt und ganz unauffällig zu einem Misserfolgskreislauf mutiert. Wer resigniert an eine Aufgabe herangeht, wird sie kaum optimal lösen – ein weiterer Misserfolg ist verursacht, dieser Misserfolg verstärkt die Unzufriedenheit und vertieft die Resignation. Das einzig »Positive« das bleibt, ist die Gewissheit »Ich habe es gleich gewusst, dass das wieder nichts wird.« Sich dann zumindest selbst bemitleiden zu können mag einen kleinen Trost darstellen – auf den zu verzichten allerdings besser wäre.

Unzufriedenheit als Motor von Veränderungen

Je drängender und bewusster Unzufriedenheit wird, desto eher stellt sie ein Signal zum Aufbruch dar

Unzufriedenheit kann aber auch das Signal zum Aufbruch sein. Sie kann den Antrieb liefern zu handeln und Situationen zu verändern. Sie macht zunächst einmal darauf aufmerksam, dass nicht alles in Ordnung ist – dass zwischen der momentanen Situation und dem eigentlich richtigen und positiven Zustand noch eine Differenz besteht und dass möglicherweise Handlungsbedarf besteht. Von der Größe dieser Differenz hängen natürlich auch der Schwierigkeitsgrad und die Chancen und Erfolgsaussichten von beabsichtigten Veränderungen ab. Möglicherweise spielt hier auch die Frage mit hinein, ob wirklich Handlungsbedarf gegeben ist, was in letzter Konseuenz immer auch ein Wollensproblem darstellt.

Vorgesetzte sind Dreh- und Angelpunkt von Veränderungen

Häufig führt kein Weg am Vorgesetzten vorbei

In Unternehmen gibt es üblicherweise hierarchische Strukturen – auch wenn durch eine Matrixorganisation oder durch die Einführung von Projektarbeit die Hierarchien oft mehrdimensional sind. Überall sitzen deshalb in der Regel auch die Führungskräfte an den Stellen, an denen über Veränderung oder Nichtveränderung – über Dynamik oder Statik — über persönlichen Erfolg oder Misserfolg entschieden oder zumindest mit entschieden wird. Es führt häufig kein Weg am Vorgesetzten vorbei – zumindest kein sinnvoller Weg.

schwer durchschaubare informelle Hierarchien

Über die formellen Hierarchien hinaus gelten oft diffizile und auf den ersten Blick schwer durchschaubare informelle Hierarchien. Veränderungen setzen Energieeinsatz voraus – je konsequenter die Energie so eingesetzt wird, dass eine möglichst wirkungsvolle Bewegung initiiert wird, um so ökonomischer und zugleich Erfolg versprechender ist die Strategie. Das heißt konsequenterweise, dass es wesentlich besser, sinnvoller und nicht zuletzt ökonomischer ist, Veränderungen mit den Vorgesetzten gemeinsam anzugehen.

VERSUCHE, AN VORGESETZTEN VORBEI NACHHALTIGE VERÄNDERUNGEN ZU INITIIEREN, HABEN BEI WEITEM NICHT DIE ERFOLGSAUSSICHTEN UND AUCH NICHT DIE WIRKUNG EINER GEMEINSAMEN KOOPERATIVEN STRATEGIE.

3 Anforderungen an Vorgesetzte aus Mitarbeitersicht

Unter der Federführung der IMPLUS TRAININGS AG, Widnau/Schweiz wurden im Jahr 2001 im Rahmen einer umfassenden Analyse Anforderungen an Vorgesetzte aus Sicht der Mitarbeiter definiert. Nach der Einschätzung vom 230 Seminarteilnehmern haben sich die folgenden Anforderungen als besonders wichtig herauskristallisiert.

Nehmen Sie diese Aufstellung zum Anlass, die Qualität der Führung in Ihrem Unternehmen zu analysieren, indem Sie nach der folgenden Skala eine Bewertung vornehmen:

Analyasieren Sie die Qualität der Führung in Ihrem Unternehmen

1 = trifft überhaupt nicht zu

2 = trifft teilweise zu

3 = sowohl als auch – fifty-fifty

4 = trifft häufig zu

5 = trifft immer zu

Welches Verhalten wünschen sich Mitarbeiter von Führungskräften und Vorgesetzten?

IN BEZUG AUF DAS VERHALTEN ZU DEN MITARBEITERN

- Motivieren, Anerkennung und Wertschätzung geben, begeisternd wirken,

1	2	3	4	5

- sie zu aktiven Mitstreitern entwickeln, sie umfassend informieren und in Entscheidungen einbinden,

1	2	3	4	5

- sie gezielt weiterentwickeln, coachen und aktiv unterstützen,

1	2	3	4	5

- innovatives Verhalten, Ideen und Kreativität zulassen, Freiheiten lassen und offen sein für Neues,

1	2	3	4	5

- sie als Mensch achten und gerecht sein.

1	2	3	4	5

In Bezug auf das Verhalten zu internen und externen Kunden

- partnerschaftlich, freundlich und bestimmt auftreten, souverän und glaubwürdig sein,

1	2	3	4	5

- Kundenorientierung in den Mittelpunkt des Handelns stellen, Kundenwünsche beachten und befriedigen,

1	2	3	4	5

- serviceorientiert und problembewusst sein,

1	2	3	4	5

- nach außen die Teamleistung präsentieren, den Kunden gegenüber die Kompetenz der Mitarbeiter betonen,

1	2	3	4	5

- zuverlässig sein in der Einhaltung von Zusagen und Terminen, ehrliche Aussagen machen.

1	2	3	4	5

IN BEZUG AUF DAS VERHALTEN ZUM EIGENEN UNTERNEHMEN

- unternehmerisch denken und handeln, Probleme nachhaltig lösen, Schwachstellen beseitigen,

1	2	3	4	5

- Visionen für die Zukunft entwickeln, neue kreative Wege entwickeln und gehen,

1	2	3	4	5

- Unternehmensziele umsetzen, ausgeprägtes zielorientiertes Handeln,

1	2	3	4	5

- hundertprozentige Loyalität gegenüber dem Unternehmen und hundertprozentige Identifikation mit dem Unternehmen,

1	2	3	4	5

- Trends rechtzeitig erkennen und umsetzen, offen sein für neue Wege und Techniken.

1	2	3	4	5

Mit dieser Strukturhilfe können Sie Ansatzpunkte für Ihre Strategie in Bezug auf Ihre Vorgesetzten definieren. Entscheiden Sie, wo Sie ansetzen wollen. Entwickeln Sie vorher Bewertungskriterien und ggf. aus mehreren Kriterien eine Entscheidungsmatrix – die folgende Aufstellung kann Ihnen dabei helfen.

Was wünschen Sie sich von Ihren Vorgesetzten?

Welche Kompetenzen meiner Vorgesetzten sind
- mir am wichtigsten?
- am schnellsten erreichbar?
- bereits in Ansätzen vorhanden?
- nachhaltig notwendig?
- von mir beeinflussbar?

UNTERNEHMEN INVESTIEREN IN DIE QUALIFIKATION VON FÜHRUNGSKRÄFTEN

Wenn Unternehmen in Aus- und Fortbildung investieren, dann suchen sie natürlich nach Wegen, die entsprechenden Mittel möglichst gezielt und mit einem höchstmöglichen Erfolg – einem hohen Return on investment – einzusetzen. Deshalb wird häufig in erster Linie in die Qualifikation und Weiterbildung von Führungskräften investiert. In der Qualifikation von Führungskräften sehen Unternehmen die Chance, dass sich die Wirkung entsprechender Maßnahmen über Delegation multipliziert.

Im Idealfall sollten Vorgesetzte sich als erste Trainer und Coaches ihrer Mitarbeiter verstehen

Das bedingt natürlich den Idealfall, dass Vorgesetzte sich als erste Trainer und Coaches ihrer Mitarbeiter verstehen. Dieses Know-how ist eine wichtige Größe in Veränderungsprozessen – es entscheidet über Erfolg oder Misserfolg von Verbesserungsansätzen. Für Mitarbeiter ist es deshalb nicht immer leicht, Einfluss zu nehmen. Sie brauchen entsprechendes Know-how, um mitreden und mitwirken zu können. Wenn Sie die Hinweise dieses Buches gezielt anwenden, werden Sie sich zum kompetenten und akzeptierten Mitarbeiter und Kollegen entwickeln.

4 DIE UNTERNEHMENSKULTUR KENNEN UND NUTZEN

WAS LÄUFT AB? WERTE, NORMEN UND PRINZIPIEN ERKENNEN

An im Unternehmen praktizierte Regeln und Normen sollte man sich zunächst bewusst halten

Unter dem Geist und Stil eines Unternehmens wird die Summe der im Unternehmen gelebten Wertvorstellungen und Überzeugungen verstanden. Diese Elemente sind ganz entscheidend für das Verhalten aller in einem Unternehmen tätigen Menschen. Die aus den Werten und Überzeugungen heraus gelebten und praktizierten Verhaltensweisen haben vielfach die Qualität von ungeschriebenen Gesetzen: Trotzdem ist jeder gut beraten, wenn er sich an diese Gesetzmäßigkeiten hält. Wer sie gar nicht erst kennt oder nicht einhält, weiß nicht, wie er sich generell und insbesondere in Schlüsselsituationen richtig verhalten soll. Er läuft daher permanent Gefahr, gegen interne Regelungen zu verstoßen, sich zum Außenseiter zu machen und sich so mehr oder weniger deutlich merkbar Nachteile oder »Sanktionen« einzuhandeln.

Zu diesen internen Verhaltensweisen zählen zum Beispiel Äußerlichkeiten wie die Kleidung, die Sitzordnung bei Besprechungen, Pünktlichkeit in Bezug auf vereinbarte Termine, die Verbindlichkeit oder Unverbindlichkeit von Vereinbarungen, die Art und Weise, in der Kritik geäußert werden darf, die Frage, ob Anerkennung stattfindet, die Vorstellungen von der tatsächlich zu leistenden Arbeitszeit, wer mit wem zum Essen geht, die Frage, ob Vorgesetzte jederzeit ansprechbar sind oder nur nach Terminvereinbarung etc.

Was ist angestrebt – die Unternehmensphilosophie

Unternehmensphilosophie und Unternehmensleitbild

Neben den »harten« Zielen – der Frage, was ein Unternehmen insgesamt erreichen will – befassen sich Unternehmen zunehmend auch mit der Frage, auf welche Art und Weise diese Ziele erreicht werden sollen. Sie konkretisieren diese Vorstellungen dann beispielsweise in einer schriftlich ausformulierten Unternehmensphilosophie oder – zusammen mit langfristigen strategischen Zielen – in einem Unternehmensleitbild.

Der Umfang einer Unternehmensphilosophie kann sehr unterschiedlich sein – von der mehrseitigen Hochglanzbroschüre über die kurze komprimierte Darstellung einiger Kernelemente in prägnanten Leitsätzen bis hin zu einzelnen Schlagworten oder sogar nur einem einzigen Begriff, der die zentrale Richtung erkennen lässt und so einen globalen Orientierungsrahmen geben soll.

bürokratische Anweisungen oder motivierende Orientierungshilfen

Analog betrachtet ist allein schon die Frage des Umfanges und des Detailgrades einer solchen Darstellung wieder eine Kulturfrage. Je stärker die Strukturierung ist und je detaillierter die Ausführungen sind, umso mehr engen sie den Entscheidungs- und Interpretationsspielraum ein. So entstehen eher bürokratische Hürden als motivierende Freiräume. Aber auch in der zu knappen Darstellung stecken Risikopotenziale.

Praxisbeispiel

Der Vorstand eines namhaften Spirituosenherstellers reduzierte die angestrebten Werte auf ein Schlagwort und wurde nicht müde, immer wieder eine »Streitkultur« einzufordern. Parallel dazu wurden aber zwei Mitarbeiter entlassen, die ausgerechnet zu denen gehörten, die ihre Meinung freimütig kundtaten, auch wenn sie von der offiziellen Linie abwich. Diese Fälle wurden von den übrigen Mitarbeitern als Signal interpretiert, dass die propagierte Streitkultur gar nicht wirklich gewollt wurde, da offensichtlich die Arbeitsplätze derer gefährdet waren, die sie wirklich lebten. Insofern war künftig die tatsächlich praktizierte Verhaltenskultur noch stärker von Zurückhaltung und Konfliktvermeidung geprägt als vorher.

Wenn Sie vermeiden wollen, in die Fettnäpfchen zu treten, die sich in der zu stark komprimierten Form von Unternehmensphilosophien verbergen können, dann stellen Sie sicher, dass eine hinreichende Definition vorliegt. Bezogen auf unser Beispiel: Was heißt Streitkultur? – Wer darf mit wem streiten? – Mit wem darf man auf keinen Fall streiten?

Die Unternehmensphilosophie will einerseits das erhalten und verfestigen, was an Wertvorstellungen bereits existiert und für wichtig eingeschätzt wird – andererseits eine Orientierung bieten in Bezug auf Werte, die noch nicht gelebt werden, aber angestrebt werden. In einer solchen Unternehmensphilosophie finden sich dann also Beschreibungen für die

- Werte, die bereits gelebt werden und auch wirklich gewollt sind und für die
- Werte, die derzeit im Unternehmen noch nicht gelebt werden, die aber angestrebt werden sollen.

Von oben herab angeordnete Leitbilder provozieren oft Akzeptanzprobleme

An Unternehmensphilosophien oder Leitbildern entzünden sich häufig kontroverse Diskussionen – insbesondere dann, wenn diese gewissermaßen als »von oben verordnet« beurteilt werden. Werden solche Leitideen einem Unternehmen übergestülpt, entstehen oft negative Diskussionen.

- Sie werden als Selbstverständlichkeiten abgetan, weil darin Werte enthalten sind, die offensichtlich bereits ohnehin schon gelebt werden.

- Sie werden kritisiert, weil sie im Rahmen der Bewältigung der Alltagsaufgaben als undurchführbar erscheinen.
- Den Mitarbeitern propagierte Werte werden unglaubwürdig, wenn die Führungskräfte sich nicht ebenfalls dementsprechend verhalten.

Wenn solche Diskussionen entstehen, dann ist allerdings zumindest grundsätzlich schon einmal Bewegung entstanden – schon allein die Tatsache, dass die Leitideen diskutiert werden, stellt einen wichtigen Schritt auf dem Weg zu einer veränderten Kultur dar. Natürlich kommt es auch auf die Art der Diskussion an: es ist weder hilfreich, die Leitideen gewissermaßen in Form eines Gesetzbuches vor sich her zu tragen und die Einhaltung zu fordern, noch ist es sinnvoll, sie in Bausch und Bogen als unrealistisch und abgehoben abzutun.

Eine Wertediskussion ist grundsätzlich schon einmal positiv

WORTSPIELE: DIE KULTUR DER UNTERNEHMENSPHILOSOPHIE

Einen wichtigen Hinweis auf die Unternehmenskultur gibt auch die Entstehungsgeschichte einer Unternehmensphilosophie. Wenn der Vorstand des Unternehmens beispielsweise einen Unternehmensberater beauftragt hätte, die Unternehmensphilosophie zu formulieren, dann ließe schon alleine diese Vorgehensweise interessante Rückschlüsse zu. Beispielsweise in Bezug auf die Frage, wie weit die Meinung der Mitarbeiter wirklich respektiert und geschätzt wird oder wie Delegation und Mitwirkung verstanden werden.

Wie ist die Unternehmenskultur entstanden?

Nicht nur beispielhaft im Sinne ernst gemeinter und aktiv gelebter kooperativer Führung sondern auch besonders wirkungsvoll für die letztendlich wichtige Akzeptanz der inhaltlichen Aussagen ist es, wenn möglichst viele Mitarbeiter des Unternehmens aktiv an der Entstehung beteiligt worden sind.

An der Einführung von Unternehmensleitlinien sollten möglichst viele Mitarbeiter beteiligt werden

Eine große Organistion des öffentlichen Dienstes hatte unter Mitwirkung des Top-Managements und qualifizierter Berater inhaltlich fundierte Aussagen zur Unternehmensphilosophie in ansprechender Form aufbereitet und diese Leitideen in einen professionell gestalten Kalender integriert, der kurz vor dem Jahresende fertig wurde. Mit einem formellen Rundschreiben ging dieser Kalender dann jedem Mitarbeiter zu. In dem Rundschreiben wurde in

Praxisbeispiel

der üblichen Amtssprache darauf hingewiesen, dass der Kalender die Aussagen zur Unternehmensphilosophie enthielte; anstelle einer Unterschrift prangte unter dem Text der Name des Präsidenten mit dem – formell richtigen – Zusatz: nach Diktat verreist.

Die Kommentare der Mitarbeiter zu diesem Werk und dieser Art und Weise der Einführung von Unternehmensleitlinien waren teilweise erschreckend eindeutig negativ und von Ironie und Ablehnung geprägt. Ein Mitarbeiter berichtete, dass ihm sein direkter Vorgesetzter die Unterlagen mit der Bemerkung übergeben hätte: »Das ist wohl als Scherz gemeint, legen Sie es am besten ganz unten in Ihre Schreibtischschublade.«

Die grundlegend wichtige Identifikation der Mitarbeiter und die Bereitschaft, die Inhalte als Orientierung für die eigenen Aktivitäten zu verstehen, waren durch kleine aber entscheidende Fehler der Leitungsebene nachhaltig verhindert worden. Weder waren die Mitarbeiter an der inhaltlichen Ausformulierung der Leitsätze beteiligt worden, noch entsprach die Form der Implementierung auch nur annähernd der beabsichtigten positiven Signalwirkung und Symbolik als langfristige einheitliche Ausrichtung für das gesamte Unternehmen.

Orientierungspunkte der Unternehmensphilosophie

Strukturierung nach Zielgruppen

Eine zunehmend häufige Darstellung der Unternehmensphilosophie oder der Leitideen ist die Strukturierung nach Zielgruppen. Man stellt sich hier also die Frage:

Was bedeuten die Leitideen in Bezug auf

- die Art und Weise der Führung?
- Spielregeln für die Zusammenarbeit untereinander?
- den Umgang mit und das Verhältnis gegenüber Kunden?
- die Beziehungen zu Lieferanten und Geschäftspartnern?

Leitlinien präzisieren die Unternehmensphilosophie

Konkrete Leitlinien geben praktisch anwendbare Hilfestellung

Nachdem die Unternehmensphilosophie sich auf wenige Kernaussagen beschränken sollte, präzisieren Unternehmen diese zentralen Aussagen in der nächsten Präzisierungsstufe, beispielsweise den Führungsleitlinien.

Nehmen Sie diese Leitlinien als Beurteilungskriterium für die Qualität der Führung und vergleichen Sie den Istzustand mit dem hier beschriebenen Soll.

Wenn in den Führungsleitlinien Ihres Unternehmens das Prinzip der Delegation fixiert ist, können Sie sich darauf berufen und entsprechende Verantwortung einfordern.

5 Das Unternehmen als komplexe Spielidee

Nicht die abstrakte Regel, sondern erst das Spiel selber vermittelt ein Verständnis

Wenn Sie sich ein neues Spiel im Spielwarengeschäft gekauft haben und es mit Ihrer Familie spielen möchten, dann werden Sie vermutlich zunächst einmal die Spielregeln zur Hand nehmen und – alleine oder mit Ihrer Familie zusammen – versuchen, diese Spielregeln kennen und verstehen zu lernen. Dabei werden Sie oft feststellen, dass Ihnen manche Spielregeln erst einmal unverständlich erscheinen, aber dann – während des Spiels – Sie den Sinn der Spielregeln zu verstehen beginnen.

Falls Sie auf die Idee kommen, zusammen mit Freunden, die das Spiel bereits kennen, Ihre ersten Erfahrungen zu sammeln, werden Sie noch schneller verstehen, worum es geht und auch die ersten Tricks und Kniffe recht schnell kennen und anwenden lernen. Natürlich kann es auch vorkommen, dass Sie – wenn Sie sich durch Spielexperten in das Regelwerk haben einführen lassen – später beim Studium der Spielregeln feststellen, dass Ihre Lehrmeister die offiziellen Spielregeln ergänzt, modifiziert oder sogar deutlich verändert haben, weil ihnen das Spiel offensichtlich so besser gefallen hat.

Die Mechanismen in Unternehmen und Organisationen lassen sich sehr gut mit Spielen vergleichen

Die Mechanismen in Unternehmen und Organisationen lassen sich sehr gut mit Spielen vergleichen. Spiele, die nach bestimmten Spielregeln ablaufen. Genauso wie in dem Beispiel mit der Vorgehensweise nach dem Kauf eines Spiels verhält es sich mit den Spielregeln, die in Unternehmen herrschen – ausgenommen vielleicht die Tatsache, dass sie nicht oder nur teilweise in schriftlicher Form festgehalten sind.

Bestimmte Spielregeln bilden den Handlungsrahmen für alle Menschen, die im Unternehmen tätig sind, sie gelten aber auch für Kunden, Geschäftspartner, Teilhaber, Aktionäre, Aufsichtsrat, Betriebsrat – um nur einige der wesentlichen Shareholder und Stakeholder zu nennen.

Unterschiedliche Personen spielen auch nach unterschiedlichen Spielregeln

Spielregeln die – ähnlich wie beispielsweise beim Spiel der Könige, dem Schachspiel, oder bei verschiedenen Kartenspielen – auch für unterschiedliche Personen unterschiedlich sind. Spielregeln, bei denen beispielsweise auch feststeht, wer bei Verstößen bestraft wird und wer gegen Regeln verstoßen darf, ohne irgendwelche Sanktionen befürchten zu müssen.

5.1 Stufe 1: Die Spielregeln erkennen

Wie sind die herrschenden Spielregeln?

Wer neu in ein Unternehmen kommt ist gut beraten, wenn er sich in der Startphase neben der Sacharbeit erst einmal darauf konzentriert, die herrschenden Spielregeln kennen zu lernen. Jede Situation, in der mehrere Mitarbeiter des Unternehmens zusammenkommen um Informationen auszutauschen, Planungen zu koordinieren, Probleme zu lösen oder Konfliktpotenziale zu klären, bietet Gelegenheit, durch aufmerksames Beobachten etwas über die Regelwerke zu erfahren, die für das miteinander Arbeiten die Grundlage bilden.

offensichtliche und geheime oder versteckte Regelwerke

Hier ist zu unterscheiden zwischen den offensichtlichen und den geheimen oder versteckten Regelwerken. Zu den offensichtlichen Spielregeln gehört beispielsweise die so genannte Kleiderordnung. Hier wird beispielsweise offiziell geregelt, welcher Dienstwagen auf welcher Ebene zulässig ist, wem welche Ausstattung des Wagen zusteht und für wen welche Ausstattung zulässig oder unzulässig ist. Diese Regelungen sind oft sogar in Form schriftlicher Anweisungen fixiert, deshalb ist es einfach, sich daran zu halten.

Die geheimen Spielregeln sind schwierig zu erkennen

Schwieriger dagegen sind die geheimen Spielregeln zu erkennen.

Ein neuer Mitarbeiter in einem großen mittelständischen Betrieb machte sich ahnungslos beim Inhaber mit seinem Hobby unbeliebt: Sein Hobby war ein günstig erstandener BMW der 7-er-Klasse. Was er nicht wusste war die Spielregel, dass kein Mitarbeiter ein Fahrzeug fahren durfte, das von der Klasse her dem Fahrzeugtyp entsprach, das der Inhaber selbst fuhr.

In eine ähnliche Richtung gingen die Spielregeln, nach denen in einer Großbank ausgemusterte Geschäftswagen den Mitarbeitern angeboten wurden. Grundsätzlich konnte sich zwar jeder Mitarbeiter für diese Fahrzeuge bewerben und sich auf einer langen Warteliste platzieren lassen. Ausnahmen bildeten jedoch Pkw der Mercedes-S-Klasse, der BMW 7-er und Audi 8. Auf die Anfrage eine Mitarbeiters, warum dies so sei, lautete dann die offizielle Begründung dieser bislang ungeschriebenen Regel: Aus Gründen der Fürsorgepflicht wäre es unverantwortlich, einem einfachen Bankangestellten ein derartiges Fahrzeug zu verkaufen – schließlich seien die Unterhaltungskosten so hoch, dass niedrig dotierte Angestellte sich das nicht leisten könnten, ohne sich in finanzielle Schwierigkeiten zu bringen.

Der Verletzung solcher informeller Regeln kann man mit etwas Geschick noch rechtzeitig vorbeugen. Gerade, wenn Sie sich als neuer Mitarbeiter bei einem Unternehmen bewerben oder wenn Sie sich noch in der Startphase befinden, haben Sie natürlich die Chance, gezielt nach solchen Aspekten zu fragen. In der Startphase erwartet man ohnehin von Ihnen, dass Sie viel fragen – zumindest wird es Ihnen wohl kaum jemand verübeln. Sicher nicht mit der direkten Frage nach den Spielregeln. Was sich hier anbietet, sind eher indirekte Fragen wie zum Beispiel: »Wodurch würde ich im Unternehmen unangenehm auffallen?« oder die andere Sichtweise: »Was würden Sie besonders begrüßen?«

Halten sie sich zunächst mit persönlichen Bewertungen zurück

Daneben können Sie zu Ihrer Sicherheit Wahrnehmungen, die Sie machen, hinterfragen – achten Sie jedoch dabei darauf, dass Sie dabei Ihre persönlichen Bewertungen für sich behalten. Schließlich wollen Sie ja zunächst die Regeln kennen lernen und noch nicht verändern. Auf diesen Weg erhalten Sie erste Informationen und Orientierungspunkte.

Das gesamte Regelwerk von Unternehmen ist komplex und meist schwierig zu durchschauen wie das folgende Beispiel ansatzweise zeigt:

Praxisbeispiel

In einer Großbank finden in monatlichem Abstand regelmäßige Abteilungsleiterbesprechungen statt; die beiden

Filialleiter teilen sich turnusmäßig die Leitung dieser zweistündigen Besprechung. Teilnehmer sind alle Abteilungsleiter der Filiale und die Leiterinnen und Leiter der zugeordneten kleineren Filialen. Für diese Runde gibt es ungeschriebene Standards, die genau regeln, was von wem in welcher Reihenfolge und in welcher Art und Weise thematisiert wird: Der jeweilige Leiter beansprucht generell die erste halbe Stunde für monologartige Vorträge, in denen jeweils seine Lieblingsabteilungen Lob erhalten – dann folgen in einer bestimmten Reihenfolge die Abteilungsleiter, von denen in erster Linie zwei befugt sind, grundsätzliche Kritik an der Leistung der Zweigstellenleiter in der Form anzubringen, dass sie in der Sitzung Zahlen präsentieren, die den anderen vorher nicht bekannt gegeben wurden. Die Beiträge dieser Abteilungsleiter füllen regelmäßig weitere anderthalb Stunden.

Manchmal kommt es in dieser Runde zu kontroversen Diskussionen zwischen einzelnen Abteilungsleitern. Diese aufblitzenden Konflikte werden aber jeweils von einem der beiden Filialleiter als für diesen Kreis unerwünscht erklärt: »Meine Herren, das müssen wir doch nicht in diesem Kreis besprechen – das kann man doch vernünftiger unter vier Augen klären.« Kurz vor dem planmäßigen Ende um 18.00 Uhr kommt dann zuverlässig der Hinweis des Sitzungsleiters »Wenn dann die Herren Zweigstellenleiter nichts wirklich Wichtiges mehr haben, dann könnten wir ja pünktlich zum Ende kommen und uns beim Stammtisch treffen.«

Diese kleine Szene lässt eine Vielzahl von interessanten Spielregeln erkennen. Die hier beobachtbaren Verhaltensweisen – und einige weitere Beobachtungen, die ich hier aus Platzgründen nicht schildere – lassen auf die folgenden Regeln schließen:

1. *Wir akzeptieren funktionierende Hierarchien: Es gibt eine klare (Hack-)Ordnung zwischen den Filialleitern, eine durch die Reihenfolge und durch die Länge der Beiträge zum Ausdruck kommende Rangfolge der Bedeutung zwischen den Abteilungsleitern, ganz am Ende stehen die Leiter von unterstellten Filialen.*

2. *Kritik erfolgt nur von oben nach unten: Mit den Beiträgen der Filialleiter dürfen alle kritisiert werden – die Abteilungsleiter dürfen die Leiter nachgeordneter Filialen kritisieren.*

3. *Wir Filialleiter haben Konsens: Die Filialleiter demonstrieren auf ihrer Ebene Kooperation dadurch, dass sie abwechselnd die Sitzung leiten, dadurch, dass sie innerhalb der Sitzung nie gegeneinander Stellung beziehen und dadurch, dass sie sich in der Art der Leitung nahezu identisch verhalten.*

4. *Wir Filialleiter bestimmen den Ablauf der Sitzung: Nie wird vorher eine Tagesordnung festgelegt oder gar vereinbart. Die Filialleiter behalten sich auch das Recht vor, den Einzelnen zu signalisieren, wie viel Zeit ihnen eingeräumt wird: »Herr X, wenn Sie dann noch mal kurz – maximal 10 Minuten – auf die Marktanalyse eingehen wollen.«*

5. *Wir Filialleiter behalten uns Entscheidungen vor: In der Abteilungsleiterrunde werden so gut wie nie gemeinsame Entscheidungen getroffen – die Besprechungen sind nur das Forum für das Verkünden von getroffenen Entscheidungen.*

6. *Führung basiert auf Informationsvorsprung: Die Sitzung wird genutzt, um Kritik an Zahlen festzumachen, die zwar vorher vorhanden sind, nicht aber auch vorher bekannt gemacht werden.*

7. *Wir streiten nicht miteinander: Jeder auch nur ansatzweise aufkeimende Konflikt wird in einer patriarchalischen Form als unerwünscht erklärt.*

8. *Emotionen gehören nicht in die große Runde: Neben der unerwünschten Sachdiskussion wird insbesondere auch jeder emotionale Ausbruch mit väterlichem Wohlwollen wieder gedämpft.*

9. *Wichtige Beiträge haben nur die oberen Ebenen: Erst fünf Minuten vor Schluss erhält die unterste Ebene formell noch eine Gelegenheit, etwas zu sagen – mit dem Vorbehalt: Falls es wirklich wichtig ist.*

Erst eine Vielzahl von neutralen Beobachtungen lässt letztlich eine einigermaßen zuverlässige Einschätzung zu

Natürlich werden Sie sich beim Analysieren von Spielregeln nicht voreilig von einzelnen Beobachtungen zu einem abschließenden Urteil verleiten lassen. Erst eine Vielzahl von neutralen Beobachtungen lässt letztlich eine erste, einigermaßen zuverlässige Einschätzung zu. Die hier beispielhaft festgehaltenen neun Spielregeln sind natürlich auch erst nach einer längeren Beobachtungsphase abgesichert gewesen.

5.2 Stufe 2: Die Spielregeln mitspielen

Zunächst einmal sollten Sie bekannte und erkannte Spielregeln mitspielen

Kunst kommt von Können – Können kommt von Übung. Das ist der eine Grund dafür zu plädieren, erst einmal die Spielregeln mitzuspielen. Wer eine Zeitlang die Regeln learning by doing verinnerlicht hat und nicht durch unbeabsichtigte Regelverstöße auffällt, kann sich voll und ganz auf seine Sachaufgaben konzentrieren und muss keine unnötige Aufmerksamkeit und Energie mehr in Fehlervermeidung investieren.

Wer nicht schon vordergründig durch Regelverstöße auffällt, kann sich eher kleine Freiräume sichern

Wer sich an Regeln hält und sie »brav« mitspielt ist unauffällig und damit auch unverdächtig. Wer sich nicht verdächtig macht, wird auch nicht unnötigerweise die Aufmerksamkeit der anderen auf sich lenken und sich dadurch seine kleinen Freiräume sichern können. Er wird damit gewissermaßen in Deckung bleiben und den anderen Spielern zunächst einmal die Sicherheit geben, dass er angepasst und damit »pflegeleicht« ist.

Und vor allem: Erst wer bestimmte Regeln so verinnerlicht hat, dass er sie buchstäblich im Schlaf beherrscht, kann auf Distanz gehen und eine klare Selektion vornehmen, welche Regeln aus seiner Sicht für die gemeinsamen Ziele und nicht zuletzt auch für seine persönlichen Ziele hilfreich sind und welche eher das Gegenteil bewirken – also hemmend, bremsend und störend sind.

Welche Regeln sind generell ungünstig?

Als ungünstig sind alle Spielregeln einzustufen, die

- im Widerspruch zur Unternehmensphilosophie stehen,
- das Erreichen der gemeinsamen Ziele nicht unterstützen,
- Abläufe und Prozesse unnötig kompliziert werden lassen,
- Sieger und Verliererpositionen schaffen,

- zu einer »offene-Rechnung-Buchhaltung« zwischen den Beteiligten führen,
- eine Eskalation von Konflikten herbeiführen.

Erst wenn Sie die Regeln beherrschen und sich dadurch in die Lage versetzt haben sie kritisch zu reflektieren, können Sie langsam an die Startblöcke gehen, um für die nächste Phase zu trainieren: nämlich konsequent und beharrlich zu beginnen, die ungünstigen Regeln positiv zu verändern.

5.3 Stufe 3: Die Spielregeln verändern

steter Tropfen höhlt den Stein

Das Verändern der Spielregeln findet in kleinen und oft unmerklichen Schritten statt. Jeder weiß, dass groß angelegte Veränderungsprozesse eher den Schwung verlieren und auf Widerstände stoßen als kleine schrittweise Veränderungen.

Große Veränderungen wecken notwendig Ängste und Befürchtungen

Große Veränderungen wecken notwendig Ängste und Befürchtungen, diese wiederum provozieren Widerstand und Gegenwehr, deren Überwindung dann so viel Energie erfordert, dass letztlich dann nicht mehr genug Schwung bleibt, die eigentlich beabsichtigten Veränderungen durchzusetzen.

Praxisbeispiel

Die oben beschriebene Momentaufnahme aus einer Bankfiliale hat eine spannende Fortsetzung. Einer der Zweigstellenleiter beschließt, eine erste Spielregel zu verändern. Entscheidungskriterium ist für ihn einfach die Frage, welche dieser Regeln für ihn persönlich am schwersten zu »ertragen« ist. Was ihn zunehmend zu stören beginnt ist die abschließende Formulierung: »Wenn von den Zweigstellenleitern nichts wirklich Wichtiges mehr kommt, können wir dann endlich zum Stammtisch gehen.«

Sorgfältig bereitet er eine überschaubare Präsentation zu einer interessanten Marketingidee vor. Hierbei hält er sich an die Regel der obersten Leitung, nicht schon vorher über seine Absichten zu informieren. Und so reagiert er auf die besagte Frage anders als gewohnt: »Ich habe tatsächlich noch ein wichtiges Thema – dafür benötige ich nur noch etwa 20 Minuten Ihrer Aufmerksamkeit.« Der Überraschungseffekt sitzt – nach kurzem Zögern kommt das o.k. von oben.

Aufgrund dieser Erfahrung entsteht eine neue Regel: Ab der nächsten Sitzung wird wesentlich früher nach Beiträgen der Zweigstellenleiter gefragt.

Noch wirksamer ist ein zweiter, spontaner Regelverstoß einige Zeit später: Als einer der Filialleiter verkündet, dass in den nächsten Tagen auf oberster Ebene über eventuelle Gehaltserhöhungen für Mitarbeiter beschlossen würde, fragt besagter Zweigstellenleiter, wie sich das denn mit den Führungsleitsätzen vertragen würde. Dort stünde doch, dass jeweils der direkte Vorgesetzte für die Entwicklung und Förderung seiner Mitarbeiter verantwortlich sei.

Auch hier entsteht zunächst einmal eine Pause der Verblüffung – dann stimmen die Filialleiter dieser Meinung im Grundsatz zu und versprechen, dass man im Folgejahr dann anders – also mit einer gemeinsamen Abstimmung auf Basis der Vorschläge der unmittelbaren Führungsebene – zur Entgeltfestlegung kommen wolle.

5.3.1 An der richtigen Stelle ansetzen

Bei denjenigen, die von Veränderungen betroffen sind, werden Widerstände geweckt

Selten ist es so, dass es nur eine einzige ungünstige Spielregel gibt. Oft sind es mehrere Aspekte an den Spielregeln, die aus Ihrer Sicht positiv verändert werden sollten.

Wenn es mehr als nur eine einzige Spielregel ist, die Sie als ungünstig ansehen, dann stellt sich die Frage, wo Sie ansetzen werden. Veränderungen zu inszenieren bedingt für den Veränderer erst einmal Energieeinsatz – außerdem werden bei denjenigen die von solchen Veränderungen betroffen sind, Widerstände geweckt. Beispielweise bei dem Vorgesetzten, der in Bezug auf eine Veränderung etwa befürchtet, dass sein Einfluss sinkt und dass das Treffen von Entscheidungen nun einerseits für ihn auf unsichereren Füßen steht und andererseits durch die Einbeziehung anderer auch zeitaufwändiger wird.

Konzentrieren Sie Ihre Energie auf einen Punkt und setzen Sie nicht an zu vielen Punkten parallel an

Wer nun versucht, an vielen Punkten parallel anzusetzen, handelt sich damit insgesamt einen hohen Aufwand ein. Zugleich provoziert er eventuell viele Widerstände bei anderen und bewirkt damit möglicherweise auch noch, dass die von den Veränderungen betroffenen Personen sehr schnell ihr gemeinsames Interesse entdecken und gemeinsam eine Front gegen Veränderungen aufbauen. Dann wird es mühsam oder sogar – zumindest vorübergehend – unmöglich, die gewollten Veränderungen zu erreichen. Und: Wer sich Gegner geschaffen hat, muss davon ausgehen, dass diese künftig besonders wachsam sein und weitere Veränderungsversuche sehr schnell wahrnehmen und entsprechend reagieren werden.

Es gilt also, den Punkt zu finden, an dem Sie mit Ihrem Energieeinsatz die höchste Wirkung erzielen. In Kapitel 2 ist bereits ein in diesem Zusammenhang wichtiges Entscheidungskriterium angesprochen worden: Wenn es gelingt, anderen den Nutzen aufzuzeigen, den eine Veränderung mit sich bringen wird, dann erst ist die Erfolgschance für die Veränderung hoch.

An welchem Punkt erzielen Sie mit Ihrem Energieeinsatz die höchste Wirkung?

Nutzen bieten = Überzeugen? Ganz so einfach ist die Formel allerdings leider nicht. Der entscheidende Punkt sitzt tiefer: Die bisherigen Spielregeln haben den Spielern nämlich ebenfalls einen Nutzen geboten. Der Vorgesetzte, der nur nach längerfristigen Terminvereinbarungen für seine Mitarbeiter zu sprechen ist, gewinnt dadurch eine bessere Planung für seinen eigenen Aufgabenbereich und ein weitgehend störungsfreies Arbeiten.

Überzeugen Sie andere vom Nutzen einer Veränderung

Höheren Nutzen bieten = Überzeugen – so geht die Rechnung auf. Weil niemand gerne oder ohne Not das aufgibt, was bisher doch recht gut funktioniert hat, ist es wichtig, dass der Nutzen einer Veränderung ein höheres Gewicht hat. Erst wenn der neue Nutzen so schwer wiegt, dass sich die Waagschale nach unten bewegt, dann ist der Ansatzpunkt für eine Veränderung gegeben. In Bezug auf das Beispiel des Vorgesetzten, der nur nach Terminvereinbarung Gespräche mit seinen Mitarbeitern führt, gilt es also, ihm die Vorteile einer Änderung aufzuzeigen. Das könnten beispielsweise die Chancen sein, neue Kunden mit interessanten Aufträgen zu gewinnen, die sich allerdings nur dann realisieren lassen, wenn jeweils im Bedarfsfall eine ganz schnelle Entscheidung der Geschäftsleitung getroffen wird.

Versuchen Sie höheren Nutzen zu bieten

Welche Vernetzungen und Abhängigkeiten bestehen zwischen den verschiedenen Spielregeln?

Die Wirkungskraft eines Veränderungsversuchs hängt auch entscheidend davon ab, welche Vernetzungen, Abhängigkeiten und Wechselwirkungen es zwischen den verschiedenen Spielregeln gibt.

MANCHE REGELN LEGITIMIEREN SICH GEGENSEITIG UND VERSTÄRKEN SICH DADURCH IM SINNE EINES NEGATIVEN REGELKREISES GEGENSEITIG.

Im Beispiel der Großbankfiliale gibt es zwischen den genannten negativen Spielregeln auch klare Wechselwirkungen. Die Spielregeln einerseits »Kritisiert wird nur von oben nach unten« in Kombination mit der Spielregel »In diesem Kreis werden keine Konflikte ausgetragen« beispielsweise sind von den 13 beteiligten Personen über Jahre hinweg praktiziert worden und damit gewissermaßen zu einer Konditionierung geworden. Schon bei einem unbeabsichtigten Regelverstoß – beispielsweise in der Form, dass ein Beteiligter bei an ihn gerichteter Kritik Kontra gibt – geht in allen Köpfen ein Warnlämpchen an, das signalisiert: »Regelverstoß – das gehört nicht hierher«. Entsprechend wird der Regelverstoß geahndet – der Unmut gegenüber dem Kollegen zeigt schnell Wirkung und er behält seinen Ärger für sich.

Ansätze, dergestaltig komplex zusammenhängende Spielregeln zu ändernn scheitern vielfach regelmäßig – das wiederholte Scheitern wirkt dann ebenfalls als negativer Regelkreis aus Versuch und Misserfolg. Bald ist der Punkt erreicht, an dem niemand mehr Engagement an dieser Stelle entwickeln will.

In der speziellen Situation unseres Beispiels wird die Grundlage für eine Aufweichung der Spielregeln erst in einem Seminar zum Thema Konfliktbewältigung gelegt. Unter der Moderation eines externen Trainers gelingt es den Beteiligten, sich die fördernden und hemmenden Aspekte der bestehenden Regelwerke bewusst zu machen und gemeinsam an den komplexeren Spielregeln anzusetzen.

5.3.2 Situativ kooperieren – strategische Allianzen bilden

Gelegenheiten zur Veränderung von Spielregeln ergeben sich oft daraus, dass Sie den Versuch eines Kollegen wahrnehmen, bestehende Regeln in Frage zu stellen. Nehmen Sie an, in der geschilderten Bankszene reagiert ein Zweigstellenleiter auf die übliche Kritik mit einer konstruktiven Retourkutsche. Natürlich greifen hier zunächst die erprobten Regeln. Dazu kommt noch der Überraschungseffekt, sodass auch aus diesem Grund kaum jemand auf die Idee kommt, sich spontan dem betreffenden Kollegen anzuschließen und seinem Anliegen zu einer höheren Erfolgschance zu verhelfen.

Wie werden Mitbetroffene auf Ihre Veränderungsversuche reagieren?

Am ehesten gelingt das dann, wenn Sie bei Ihren Vorüberlegungen in Bezug auf Änderungsmöglichkeiten auch die Frage einbeziehen, wie andere Betroffene sich in diesem Szenario positionieren und bei wem Sie Aktivitäten und Versuche wahrnehmen können, etwas zu bewegen. Dann fällt es auch leichter, sich diesen Kollegen situativ anzuschließen und beispielsweise einen entsprechenden Vorstoß zu unterstützen.

Gemeinsamkeit macht stark

Gemeinsamkeit macht also stark – wer sich darüber hinaus die Mechanismen funktionierender Allianzen zunutze macht, kann für sich und die anderen Beteiligten viele Chancen herausarbeiten und Vorteile nutzen, die dem einsamen Kämpfer nicht zur Verfügung stehen.

ALLIANZEN STELLEN EINE VORÜBERGEHENDE ZWECKGEMEINSCHAFT DAR.

Allianzen dienen weniger dem Einzelinteresse als dem Erreichen konsensfähiger Ziele

Zum Erreichen von Zielen einzelner Mitglieder der Allianz oder zum Erreichen ähnlicher Ziele der Beteiligten werden bestimmte Vorgehensweisen oder Reaktionen abgesprochen, mit denen man sich gegenseitig unauffällig unterstützt. Wichtig bei diesen Allianzen ist eine konstruktive Grundaus richtung: Die Absprachen bewegen sich in einem Korridor, der durch die Unternehmensziele und den Rahmen der Unternehmensphilosophie definiert ist – somit dienen sie ausschließlich dem Initiieren oder Unterstützen positiver Veränderungen.

Gemeinsames und koordiniertes Vorgehen bietet die Chance, gezielt und mit einer breiter angelegten Strategie die notwendigen Veränderungen auch wirkungsvoll flächendeckend angehen zu können. So können neue oder modifizierte Regeln eine breitere Akzeptanzbasis finden und dadurch konsequenter zu einer neuen Facette einer günstigeren Unternehmenskultur werden.

Entzünde viele Feuer gleichzeitig

Wer so vorgeht, agiert ähnlich wie es erfahrene Berater in Veränderungsprozessen praktizieren. Eines aus dem Repertoire der entsprechenden Erfolgsrezepte heißt nämlich: Entzünde viele Feuer gleichzeitig.

Praxisbeispiel

Durch den ersten Erfolg in Bezug auf die Mitwirkung bei der Entgeltfindung für die Mitarbeiter positiv bestärkt, entschließt sich der Außenstellenleiter die nächste Spielregel zu verändern. Was er als wenig konstruktiv erlebte, sind die in der Abteilungsleitersitzung unvermittelt »aus dem Hut gezauberten« Zahlen der Wertpapierabteilung in Kombination mit der Spielregel »Keine Diskussionen, wenn von oben kritisiert wird« – eine aus seiner Sicht wenig sinnvolle Form sich mit der Geschäftsentwicklung auseinanderzusetzen.

Deshalb unterhält er sich vorab mit seinen Kollegen der gleichen Ebene. Es entsteht der gemeinsame Entschluss als Grundlage für die Diskussion der geschäftlichen Zahlen ein separates Treffen zu arrangieren und gleichzeitig anzustreben, dass die Zahlen den Außenstellenleitern jeweils schon vor dieser Besprechung vorliegen sollten.

Ergebnis: Einer schlägt vor, diese Vorgehensweise auch als Möglichkeit zu nutzen, im engsten Kreis der Betroffenen gemeinsame Verbesserungsideen zu entwickeln – ein anderer unterstützt diesen Vorschlag und weist darauf hin, dass die Zeit in der großen Sitzung ohnehin zu knapp bemessen sei. Zur internen Abstimmung in der großen Besprechung soll genügen, dass die anderen beiden Zweigstellenleiter durch Nicken ebenfalls ihre Zustimmung signalisieren.

Künftig gibt es dann separate Treffen, in denen nach rechtzeitiger Vorabinformation geschäftliche Zahlen konstruktiv diskutiert und Verbesserungsvorschläge entwickelt werden.

So funktionieren Allianzen – sich beispielsweise auf Basis einer vorherigen Abstimmung über Chancen und Möglichkeiten nach außen hin in einer bestimmten Situation gegenseitig unauffällig zu unterstützen und gleichzeitig nach innen offen und transparent zu verständigen.

Allianzen: nach außen unauffällig – nach innen offen und transparent

5.3.3 Vermeiden Sie, in Cliquen mit zu schwimmen

Im Gegensatz zur Allianz steht das Phänomen der Clique. Hier werden gemeinsame Pläne geschmiedet, die mehr dem Eigennutz Einzelner als der gemeinsamen Zielerreichung dienen. Cliquen erkennt man auch daran, dass die Beteiligten sich untereinander eher misstrauen als dass offene und konstruktive Zusammenarbeit die Grundlage gemeinsamer Aktivitäten bilden würde. Aus diesem Grund können sich Cliquen oft auch nicht auf abgestimmte Vorgehensweisen einigen – Hauptinhalte der gemeinsamen Gespräche sind eher das Klagen über Missstände, die Schuldzuweisung an andere und das Betonen der Schwierigkeit, irgendetwas zu verändern.

Cliquen dienen mehr dem Eigennutz Einzelner als der gemeinsamen Zielerreichung

Das Mitwirken in solchen »subversiven Zirkeln« bewirkt letztlich nur eine Verstärkung von Negativtendenzen. In diesen Kreisen entsteht schnell eine Opferhaltung – schuld sind die anderen – als Ausweg fällt den Beteiligten nur das gemeinsame Beklagen der Probleme und Schwierigkeiten ein.

Cliquen verstärken Negativtendenzen, da die Beteiligten in der Regel in eine Opferhaltung fallen

Wenn Sie also unnötigen Frust vermeiden wollen, dann halten Sie sich von solchen Gruppierungen fern – so weit wie nur irgend möglich! Bedenken Sie dabei auch, dass das Agieren solcher Cliquen nicht unbemerkt bleibt. Wer als dazugehörig gilt, stellt sich damit selbst auch auf ein Abstellgleis; seine Veränderungsversuche werden wenig bewirken, weil andere eine destruktive Absicht unterstellen und von vornherein gegen seine Vorschläge Front machen werden.

Wer als Mitglied einer Clique erkannt wird, diskreditiert sich vielfach selbst

5.4.4 Veränderungen mit Augenmaß angehen

Wer in den Spielregeln eines Unternehmens Veränderungen initiieren möchte, ist gut beraten, wenn er mit einem sicheren Gefühl für das Machbare an diese Herausforderung herangeht. Schließlich sind die Regeln über Jahre hinweg gewachsen und verfestigt. Sie bieten damit Sicherheit und

Was ist realistisch überhaupt machbar?

Orientierung und haben – zumindest auf die Vergangenheit bezogen – eindeutige Vorteile und Unterstützung geboten. Deshalb ist es wichtig, nur das in Frage zu stellen, was entweder in der aktuellen Situation oder mit Blick auf künftige Tendenzen nicht mehr hilfreich und fördernd ist.

6 FEEDBACK-KULTUR ALS GRUNDLAGE FÜR VERÄNDERUNG

Das Wort Feedback ist praktisch in aller Munde und scheint in allen größeren Unternehmen zum gängigen Sprachgebrauch zu gehören. Bei genauerem Hinsehen oder Nachfragen wird allerdings oft deutlich, dass es doch recht unterschiedliche Interpretationen dieses Begriffs gibt.

Die folgende Definition des Begriffs Feedback bildet den gedanklichen Hintergrund für die Ausführungen in diesem Kapitel:

FEEDBACK IST EINE RÜCKMELDUNG AN EINE PERSON ÜBER WIRKUNGEN, DIE IHR VERHALTEN – WAHRNEHMBARE VERBALE UND NONVERBALE ÄUSSERUNGEN – BEI DEM JEWEILS ANDEREN BEWIRKT HAT.

Praxisbeispiel

Sie haben für ein gemeinsames Abendessen einen Tisch in einem exklusiven italienischen Restaurant reservieren lassen und überraschen Ihre Partnerin oder Ihren Partner mit der Einladung: Komm, wir gehen heute Abend mal ganz gepflegt bei unserem Lieblingsitaliener essen. Statt einer freudigen Zusage kommt jedoch nach kurzem Zögern ein knappes »Nein, das geht nicht!« Diese Antwort wird mit Sicherheit Wirkung zeigen – je nach Ihrer eigenen Situation sind Sie vielleicht enttäuscht, traurig, ärgerlich, wütend oder auch ratlos. Wenn Sie sich nun beispielsweise abrupt umdrehen würden und wortlos aus dem Zimmer gingen, wäre für beide Beteiligten eine ziemlich unbefriedigende Situation entstanden.

Das oben beschriebene abrupte Umdrehen und das Verlassen des Zimmers ist letztlich auch ein Feedback – allerdings eines, das für den anderen unklar und undeutlich bleibt und bei dem er nun seinerseits anfangen wird, dieses Verhalten zu interpretieren.

Den anderen nicht im Unklaren lassen

Wer in einer solchen Situation anstelle einer spontanen aber unklaren und damit mehrdeutig interpretierbaren Reaktion ein Feedback im Sinne der obigen Definition geben wollte, würde beispielsweise erwidern: »Dein entschlossenes Nein ist für mich so nicht verständlich – ich bin enttäuscht, weil ich mir den gemeinsamen Abend schon so schön ausgemalt hatte. Sage mir doch, weshalb Du nicht essen gehen möchtest.« Auf dieser Basis würde möglicherweise der Partner erklären, dass er deshalb nicht auf den Vorschlag eingehen könne, weil er erst vor wenigen Minuten erfahren hätte, dass sich Besuch angesagt hat.

Durch Feedback entsteht Transparenz

Durch Feedback entsteht Transparenz – man erfährt mehr darüber, wie andere bestimmte Verhaltensweisen einschätzen. Das bietet die Grundlage für ein besseres und konstruktiveres Miteinander – sowohl im privaten wie auch im geschäftlichen Bereich.

Stabile und vertrauensvolle persönliche Beziehungen bilden eine tragfähige Grundlage für gemeinsame gute Leistungen und für gemeinsame überdurchschnittliche Erfolge, weil jeder seine Energien in seine Aufgaben investiert statt in persönliche Differenzen und Streitigkeiten. Weil man die positiven Wirkungen von Feedback schon lange erkannt hat, bekennen sich viele Unternehmen zu einer Feedback-Kultur.

Wissen Sie, wie Vorgesetzte und Kollegen Sie einschätzen?

Die Qualität einer Feedback-Kultur stelle ich in meiner Rolle als Trainer gerne dadurch auf den Prüfstand, dass ich im Rahmen der Vorstellungsrunde zu Beginn von Führungsseminaren die Fragen stelle: »Was schätzt Ihr Vorgesetzter an Ihnen?« und »Was schätzen Ihre Mitarbeiter an Ihnen?« Die Reaktionen auf diese Fragen sind unterschiedlich: Weniger als die Hälfte der Teilnehmer kann in der Regel auf diese Fragen eine klare Antwort geben. Bei den anderen kommen dann eher Kommentare wie zum Beispiel: *»Was mein Chef von mir hält, kann ich Ihnen doch nicht sagen, da müssten Sie ihn schon selber fragen«* oder *»Was meine Mitarbeiter von mir halten, sagen sie mir doch nicht. Und wenn sie es tun würden, wäre es wahrscheinlich sowieso nicht ehrlich* *gemeint. Wer würde seinem Vorgesetzten schon sagen, was er an ihm auszusetzen hat.«*

Möglicherweise ist das Bild, das in den Jahren meiner Arbeit in Führungstrainings, aber auch in Workshops und Coachings, entstanden ist, nur bedingt als eine repräsentative Aussage über die Feedback-Kultur in Unternehmen zu gebrauchen. Offensichtlich ist jedoch, dass es da noch erhebliche Verbesserungsmöglichkeiten gibt.

6.1 Das Johari-Fenster

Wissen Sie, wie Sie auf andere wirken und was andere von Ihnen erwarten?

Joe Luft und Harry Ingham haben mit dem »Johari-Fenster« zum Konzept des Feedback eine wichtige Strukturhilfe geliefert – diese Darstellung gilt schon als »Klassiker« und ist vielen schon irgendwann einmal präsentiert oder erläutert worden. Nichtsdestoweniger hier noch einmal das Modell und einige Erläuterungen dazu.

Es geht um die Frage, inwieweit bestimmte Verhaltensweisen und die zugrunde liegende Motivation einem selbst bekannt bzw. bewusst sind und inwieweit sie anderen bekannt sind.

Dahinter steht die Wahrnehmung, dass die Qualität der Zusammenarbeit sich erheblich verbessert, wenn mithilfe des Feedback die Möglichkeit genutzt wird,

- einerseits anderen mehr Transparenz über eigene Wünsche, Vorstellungen und Reaktionen zu geben, damit sie so Informationen über die Wirkung ihres eigenen Verhalten und ihrer Motivation erhalten und
- andererseits sich selbst über das Feedback der anderen über die Wirkung des eigenen Verhaltens Klarheit zu verschaffen.

Auf der Basis so erreichbarer gegenseitiger Akzeptanz kann es dann gelingen, sich so weit auf einander einzustellen, dass eine hohe Qualität eines konstruktiven Zusammenwirkens entsteht.

Die Struktur des Modells ergibt sich aus den beiden oben angeführten Fragestellungen:

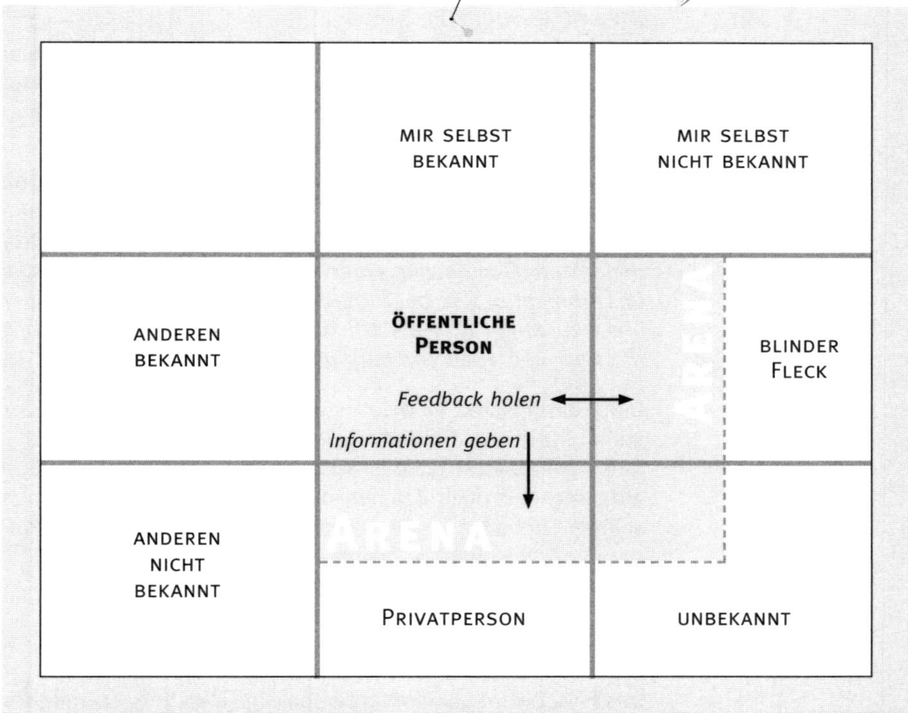

Abb. 6.1: Das Johari-Fenster

Das durch diese beiden Sichtweisen entstehende »Fenster« weist vier Felder auf, deren Inhalt und Bedeutung wiederum an einem kurzen Beispiel erläutert werden sollen:

Eine Führungskraft führt nach der Mittagspause regelmäßig ein fest terminiertes Gespräch mit einem bestimmten Mitarbeiter. In der Mittagspause hat ihm nun sein eigener Vorgesetzter mitgeteilt, dass er ihn mit großer Wahrscheinlichkeit nachmittags für eine Stunde in Anspruch nehmen muss, um einen Reklamationsfall mit ihm zu klären. Die Führungskraft entschließt sich trotzdem, das übliche Gespräch mit seinem Mitarbeiter zu führen, weil er darauf baut, dass der Anruf seines eigenen Chefs wie immer erst gegen 17.00 Uhr zu erwarten ist.

DIE »ÖFFENTLICHE PERSON«

Das Feld A wird als »öffentliche Person« bezeichnet. Hier sind einem selbst das eigene Verhalten und die eigene Motivation bewusst und auch andere nehmen dies gleichermaßen und weitgehend identisch wahr:

In Bezug auf die im obigen Beispiel beschriebene Situation würde das bedeuten, dass der Vorgesetzte seinem Mitarbeiter etwa zu Gesprächsbeginn sagt: »*Ich erwarte den Anruf meines Chefs in Sachen einer recht heiklen Reklamation, die uns momentan sehr beschäftigt, möchte unser Gespräch aber nicht ausfallen lasssen. Ich bitte Sie aber um Verständnis, dass wir eventuell vorzeitig abbrechen müssen.*«

Der Führungskraft ist also bewusst, dass sie unter Zeitdruck steht und nicht hundertprozentig konzentriert sein wird – ihrem Mitarbeiter ist das auch bekannt und er wird dementsprechend auch Zeichen der Angespanntheit, die er an seinem Chef wahrnimmt, nicht auf sich selbst beziehen, sondern vom Kontext her richtig einordnen können.

DIE »PRIVATPERSON«

Das Feld B wird als »Privatperson« beschrieben. Es steht für alle die Verhaltensweisen und Motivationen, die nur einem selbst bekannt und für andere nicht wahrnehmbar sind.

Im der obigen Situation wäre im Feld B beispielsweise folgende Situation einzuordnen: Der Vorgesetzte hat ganz aktuell von einem Headhunter ein verlockendes Angebot bekommen und erwartet nun dessen Anruf, in dem ein Termin für ein beiderseitiges Kennenlernen und die Konkretisierung dieses Angebots getroffen werden soll. Nun merkt er, dass es ihm angesichts dieser Perspektive schwer fällt, sich voll und ganz auf das Gespräch mit seinem Mitarbeiter zu konzentrieren. Den Grund dafür kann er diesem natürlich nicht offenbaren. Nach außen lässt er sich also nichts anmerken und überspielt seinen inneren Konflikt sehr professionell.

Vor diesem Hintergrund wird der Mitarbeiter etwaige Zeichen der Unkonzentriertheit, die er an seinem Chef wahrnimmt, nicht eindeutig einordnen können.

Der »blinde Fleck der Selbstwahrnehmung«

Hochinteressant ist das Feld C – der so genannte »blinde Fleck der Selbstwahrnehmung«. Dieses Feld umfasst alle Verhaltensweisen und Motivationen, die andere an uns wahrnehmen, ohne dass sie uns allerdings selbst bewusst sind und ohne dass wir wüssten, dass sie anderen offen liegen.

Wieder auf die eingangs beschriebene Situation bezogen: Vorgesetzter und Mitarbeiter sind im Gespräch. Der Vorgesetzte hat keinen Hinweis auf das anstehende Gespräch mit seinem eigenen Chef gegeben. Vom Gesprächsverlauf her wird dem Mitarbeiter allerdings deutlich, dass der Vorgesetzte manchmal nicht zuhört, denn er stellt mehrfach Fragen zu Dingen, die bereits besprochen waren. Außerdem schaut er öfters auf die Uhr und kontrolliert, ob sein Telefon nicht auf das Telefon der Sekretärin umgestellt ist.

Die Wirkung dieses Verhaltens auf den Mitarbeiter ist zuerst etwas irritierend, dann aber zunehmend negativ – er verliert die Lust, immer wieder Dinge mehrfach erläutern zu müssen; bei ihm verstärkt sich so der Eindruck, dass das Thema aus Sicht des Vorgesetzten gar nicht wichtig ist.

Diesen Eindruck hat der Vorgesetzte natürlich überhaupt nicht beabsichtigt. Er ist sich lediglich nicht bewusst, aktuell etwas abgelenkt zu sein. Seinerseits merkt er allerdings, dass der Tonfall seines Mitarbeiters zunehmend gereizter wird und kann sich der Grund dafür nicht erklären.

Wenn das Gespräch so weiter läuft, gehen letztlich beide Gesprächspartner aus dem Gespräch und sind sowohl mit dem Inhalt als auch mit dem Ergebnis unzufrieden. Keiner weiß, worauf das Verhalten des anderen beruht – beide werden sich wahrscheinlich eine individuelle Interpretation für das Verhalten zurechtlegen.

Wenn sich nun beispielsweise der Mitarbeiter entschließen würde, den Vorgesetzten auf sein Verhalten und dessen Wirkung anzusprechen, wäre es für beide von Vorteil: Der Vorgesetzte würde erfahren, wie er seine Akzeptanz als Vorgesetzter verbessern kann – der Mitarbeiter würde einen Beitrag dazu leisten, dass die Hintergründe der mangelnden Konzentration transparent würden. Entweder könnte das Gespräch dann konzentrierter weitergehen oder man würde sich darauf einigen, es auf einen günstigeren Zeitpunkt zu vertagen.

Folgendes Feedback des Mitarbeiters könnte die Situation auflösen:
»Herr Z., mir fällt auf, dass Sie öfters zur Uhr schauen; ich hatte auch den Eindruck, dass sich manche Fragen wiederholen. Ich frage mich, ob ich im Moment mit meinem Gesprächsthema zu einem ungünstigen Zeitpunkt komme. Was ist Ihre Meinung dazu?«

Feedback-Schleifen fördern die gegenseitige Transparenz von Verhalten

Leider ist es in der Praxis noch nicht so weit verbreitet, dass solche Feedback-Schleifen in Gesprächen zur Selbstverständlichkeit – zur Kultur – gehören. Eher ist es oft beispielsweise so, dass die Mitarbeiter insgeheim eine Strichliste über die Anzahl der »äh's« in der Präsentation Ihres Vorgesetzten oder Kollegen machen, statt offen die Gründe dafür zu hinterfragen.

Und natürlich gibt es noch das Feld D – der Bereich des Unbewussten und Unbekannten. Dieses Feld spielt jedoch in unserem Zusammenhang keine Rolle; hier geht es um Tiefenpsychologie, die in der Regel im beruflichen Alltag keinen Raum haben wird.

Wenn Sie nun versuchen, den in Abb. 6.1 als »Arena« bezeichneten Bereich des Johari-Fensters nach Möglichkeit auszuweiten, sich also selbst über Ihr Verhalten und Ihre Motive klar zu werden versuchen und auch Ihr Umfeld entsprechend informieren, wird es Ihnen gelingen, sich ein angenehmes und konstruktives Arbeitsumfeld zu schaffen.

6.2 Die Wirkung von Feedback

6.2.1 Mit positivem Feedback bestärken

Feedback ist niemals neutral, sondern bewirkt immer etwas

Jedes Verhalten beinhaltet auch ein Feedback. Und Feedback bewirkt immer etwas. Selbst das unbewusste Feedback – also das Stirnrunzeln des Gesprächspartners auf einen Vorschlag Ihrerseits – beeinflusst Sie. So kann sich Ihr aktuelles Verhalten zum Beispiel in der Form ändern, dass Sie plötzlich stockender sprechen, weil Sie das Stirnrunzeln als Skepsis interpretieren. Aber auch das künftige Verhalten kann sich ändern, wenn Sie beispielsweise beschließen, diesem Gegenüber künftig keine Vorschläge mehr zu unterbreiten, weil er immer etwas daran auszusetzen hat.

Mit dem bewusst eingesetzten Feedback haben Sie die Möglichkeit, Wirkungen in einer ganz bestimmten Richtung anzustreben.

Allerdings ohne Erfolgsgarantie. Bedenken Sie bitte: Feedback ist kein Instrument der Macht oder des Zwangs – Feedback setzt auf Akzeptanz und auf eine gewisse Gelassenheit, also überwiegend auf »weiche« Faktoren. Feedback ist auch kein Patentrezept, das mit Zeitdruck für schnellste Veränderungen sorgt – Feedback basiert darauf, dass Veränderungsbereitschaft wachsen muss und dass Veränderungen Zeit brauchen, weil sie oft an jahrelang erprobten Verhaltensmustern ansetzen.

Der eine – oft unterschätzte – Teil des Feedback ist das bestärkende und bestätigende Feedback. Es setzt an Situationen an, in denen bestimmte Verhaltensweisen eines anderen positive Reaktionen hervorgerufen haben: Freude, Motivation, Bestätigung, Ermutigung, Erfolgserlebnis, Stärkung und Sicherheit – um nur einige zu nennen.

Bestätigen Sie gerade auch positive Wirkungen

Ich würde mich nicht wundern, wenn an dieser Stelle der eine oder andere den Kopf schüttelt – wozu braucht man denn Bestätigung für etwas, das sowieso gut gelaufen ist – viel wichtiger ist es doch, zu wissen wo die Schwächen sind, damit man daran arbeiten kann. Zumindest in Seminaren stelle ich fest, dass auf die Frage nach den Zielen für ein Seminar häufiger die Antwort kommt: Ich möchte mehr über meine Schwächen erfahren, als umgekehrt der Wunsch, dass jemand mehr über seine Stärken wissen möchte.

Vom Grundsatz her ist es sicher richtig, dass man jemandem, der absolut selbstsicher ist, nichts mehr über seine Stärken sagen muss. Die Frage ist nur, ob die Selbstsicherheit nur eine gut eingeübte äußerliche Fassade ist oder ob sie wirklich von innen kommt und echte Souveränität auf der Basis einer ausgeprägten Fähigkeit zur Selbstreflexion dahinter steht.

Führungskräfte räumen freimütig ein, dass sie häufiger Kritik äußern als Anerkennung.

Gerade weil es einen deutlichen Trend gibt, mehr über Schwächen und Fehler zu sprechen ist es wichtig, auch den bestätigenden und bestärkenden Gedanken des positiven Feedbacks umzusetzen. Führungskräfte räumen freimütig ein, dass sie häufiger Kritik äußern als Anerkennung.

Wann haben Sie Ihren Vorgesetzten zuletzt gelobt?

Seminarteilnehmern, die heftig über ihren unmöglichen Vorgesetzten klagen und feststellen, dass es immer nur Kritik von oben gibt, stelle ich oft die Frage: *Wann haben Sie Ihren Vorgesetzten zuletzt gelobt?* Wenn diese Frage zunächst in aller Regel erst einmal Verblüffung hervorruft und dann Gegenargumente provoziert, dann hat es sicher damit zu tun, dass gerade in konfliktträchtigen Konstellationen in Bezug auf den eigenen Vorgesetzten niemand mehr auf den Gedanken kommt, dem Vorgesetzten mit einer konkreten Anerkennung auch einmal etwas »Gutes zu tun«.

Auch Führungskräfte brauchen positives Feedback

Warum sollte die Motivation von Führungskräften denn so anders sein, als die der Mitarbeiter. Es gibt Untersuchungsergebnisse genug, die beweisen, dass das Bedürfnis nach Anerkennung ein ganz elementares ist und mit Anerkennung in hohem Maß die vorhandene Motivation verstärkt oder wieder geweckt werden kann.

Vorgesetzte gehen in der Regel davon aus, dass ihre Mitarbeiter wenig Positives an ihnen finden

Von vielen Führungskräften weiß ich definitiv, dass sie sich absolut unsicher sind, wie ihre Mitarbeiter über sie denken. Insbesondere gehen sie davon aus, dass ihre Mitarbeiter tendenziell nur wenig Positives an ihnen finden. Die Folge ist dann, dass sie sehr viel Energie darauf verwenden, Stärke und Sicherheit zu demonstrieren. Das geht natürlich zu Lasten der Kritikfähigkeit. Wer sich eher unsicher fühlt, wird sich wesentlich schwerer tun, Kritik anzunehmen und sich eher bemüßigt fühlen, sich zu rechtfertigen, als dass er die Kritik annimmt und darüber reflektiert, was er besser machen könnte.

WER ALS MITARBEITER AUCH SEINEM VORGESETZTEN DURCH EHRLICH GEMEINTES UND KONKRETES FEEDBACK IMMER WIEDER EINMAL EINE BESTÄTIGUNG GIBT, TRÄGT DAMIT SEIN TEIL DAZU BEI, DASS DIE GEMEINSAME ARBEIT AUF DER BASIS EINER STABILEN PERSÖNLICHEN BEZIEHUNG KONSTRUKTIV UND FÜR BEIDE SEITEN ERFOLGREICH GESTALTET WERDEN KANN.

6.2.2 Mit kritischem Feedback Änderungen anstoßen

Die spannende und herausfordernde Seite des Feedbacks ist sicher die Rückmeldung über Verhaltensweisen und Motivationen, die aus der eigenen Sicht nicht in Ordnung sind oder negative Wirkungen hervorrufen. Das Feedback also, das im Sinne einer Korrektur auf kleine Veränderungen zur Optimierung abzielt oder das Feedback, das im Sinne einer Kritik deutlichere und nachhaltigere Veränderungswünsche anspricht.

Vor kritischem Feedback um eine möglichst neutrale Sichtweise bemühen

Ausgangspunkt dieses Feedbacks ist zunächst einmal die eigene Sichtweise, die bekanntlich nur bedingt neutral oder gar objektiv ist und stattdessen eher subjektive Elemente enthält. Gerade deshalb ist eine entscheidende Grundlage für die Akzeptanz des Feedbacks beim Empfänger, dass Sie sich vorher um eine möglichst neutrale Sichtweise bemüht haben. Gerade in Konfliktsituationen neigen wir ja zu Übertreibungen *(Jedes Mal wird an meinen Formulierungen etwas geändert ...)* und zu absoluten Ansprüchen *(Ich erwarte, dass mir niemand in meine Kompetenzen hineinredet ...)*. Vorsicht – hier lauert Gefahrenpotenzial – zumindest was die Akzeptanz des Feedbacks und die Bereitschaft des Gegenübers anbelangt, eine andere Richtung einzuschlagen.

Konstruktives Feedback enthält Vorschläge in Bezug auf die erwarteten Veränderungen

Jedes konstruktive Feedback enthält Wünsche oder Vorschläge in Bezug auf die erhofften oder erwarteten Veränderungen. Berücksichtigen Sie hierbei auch die Frage der Machbarkeit. Gerade Veränderungen im Verhalten oder sogar in den Grundeinstellungen können üblicherweise nur in kleinen Schritten realisiert werden. Mark Twain hat hierzu ein treffendes Zitat geliefert: *»Eine schlechte Angewohnheit kann man nicht einfach zum Fenster herauswerfen – man muss sie Stufe für Stufe die Treppe hinunterlocken.«*

Ist das Feedback für den Betroffenen umsetzbar?

Die Machbarkeit zu berücksichtigen, heißt unter anderem der Frage nachzugehen, ob die gewünschte Veränderung in einem Verhalten den Feedbackempfänger nicht überfordert, ob der erwartete Schritt nicht zu groß ist. Besser ist es in der Regel, immer wieder kleinere Veränderungen anzustreben. Auch hier wieder ein kleines Zitat – diesmal aus dem fernen Osten: *»Jede Reise fängt mit den ersten Schritt an – dessen Richtung ist entscheidend – nicht die Größe des Schritts.«*

6.3 Feedback geben – Mut zum kalkulierten Risiko

Keine Frage, dass die Methode des Feedbacks auch ihre Tücken und Risiken enthält. Wer sich allerdings dieser Risiken bewusst ist, wird wohl in der Lage sein, die Mehrzahl der Fettnäpfchen von vornherein zu vermeiden. Alle Risiken auszuschließen wird kaum möglich sein – wer nichts wagt, kann auch nichts gewinnen.

Feedback gibt immer auch etwas über persönliche Einstellungen und Vorstellungen preis

Wer ein Feedback gibt, sagt damit auch etwas über seine persönlichen Einstellungen und Vorstellungen. Er gibt einiges von sich preis und lässt damit auch erkennen, wo er selbst angreifbar ist. Deshalb ist es wichtig, die eigenen Vorstellungen sorgfältig gegen die gegebenen Spielregeln und die Unternehmensphilosophie oder sonstige generelle Messkriterien abzuwägen. Ein kritisches Feedback über die Art und Weise der Besprechungsleitung des Vorgesetzten ist beispielsweise abgesichert, wenn es gedanklich auf der Grundlage eines akzeptierten Konzepts erfolgt. Wenn Sie etwa ein Seminar zum Thema Besprechungen und Konferenzen besucht haben und sich anschließend als Feedbackgeber mit Ihren Vorschlägen auf Erfahrungen und Erkenntnisse aus diesem Seminar berufen, geht Ihr Feedback über persönliche Einstellungen hinaus und bekommt eine neutralere Qualität. Trotzdem:

VERSUCHEN SIE NICHT, IHR FEEDBACK ZU STARK ZU VERSACHLICHEN UND ZU NEUTRALISIEREN – DAMIT GEHT AUCH ETWAS VON DER MÖGLICHEN WIRKUNG VERLOREN.

Reden Sie über Befindlichkeiten, nicht über Empfindlichkeiten

Achten Sie darauf, dass die persönlichen Wertungen und Befindlichkeiten, die Sie in Ihr Feedback einfließen lassenn sich in einem Rahmen bewegen, durch den Sie sich nicht unnötig outen. Reden Sie über Befindlichkeiten, nicht über Empfindlichkeiten. Prüfen Sie deshalb, warum Sie mit bestimmten Verhaltensweisen Ihres Gegenüber Probleme haben.

Haben Sie den Mut, zu Ihren Gefühlen zu stehen

Haben Sie aber auch den Mut, zu Ihren Gefühlen zu stehen. Wenn Sie sich über etwas ärgern, wird ein Feedback wenig wirkungsvoll sein, indem Sie lediglich zum Ausdruck bringen, dass Sie etwas irritiert waren. Authentizität ist wichtig – die Dinge und insbesondere auch die Gefühle beim richtigen Namen zu nennen. Gerade auf der Gefühlsebene liegt oft die eigentliche Wirkung.

Gegenwehr ist immer ein Zeichen für ein Ungleichgewicht

Feedback kann als Reaktion durchaus Gegenwehr herbeiführen, auch ohne dass Sie einen erkennbaren Anteil daran haben. Wenn Sie sich dessen bewusst sind und mit der Gegenwehr souverän umgehen können, haben Sie ein weiteres Risikopotenzial im Griff. Wichtig ist es, sich bewusst zu machen, dass Gegenwehr immer ein Zeichen für ein Ungleichgewicht ist. Beispielsweise wäre es für einen Vorgesetzten ungleich schwieriger, ein Feedback im Rahmen einer Teambesprechung zu akzeptieren – womöglich noch in der Form, dass mehrere Mitarbeiter den gleichen Sachverhalt kritisch ansprechen – als wenn dieses Feedback unter vier Augen in entspannter Atmosphäre erfolgen würde. Versuchen Sie Gegenwehr zunächst als ein Signal zu sehen, dass die Bereitschaft zum Annehmen des Feedbacks gering ist – lassen Sie das Feedback gegebenfalls einfach im Raume stehen, ohne auf Konsens oder Akzeptanz zu insistieren und warten Sie auf eine günstigere Gelegenheit.

Oft fällt esschwer, die eigene Veränderungsbereitschaft zu signalisieren

Vielfach lässt sich übrigens feststellen, dass trotz einer momentanen Gegenwehr später doch der aus einem Feedback heraus gesetzte Impuls Wirkung zeigt und der Feedbackempfänger bestimmte Veränderungen initiiert. Oft gibt es einfach unbewusste Sperren, die es dem Feedbackempfänger schwer machen, offen die eigene Veränderungsbereitschaft zu signalisieren. Deshalb auch hier noch einmal der wichtige Gedanke, dass Feedbackgeber mit einer gewissen Gelassenheit gut beraten sind.

6.4 Struktur ist wichtig – Elemente des Feedbacks

Wer durch Feedback die Grundlage für eine vertrauensvollere Zusammenarbeit legen möchte, ist gut beraten, wenn er dabei einige Spielregeln einhält. Diese Spielregeln sollen einerseits helfen, ein Feedback so zu formulieren, dass es für den Feedback-Empfänger verständlich und akzeptabel ist. Andererseits sollen die Spielregeln für den Feedback-Empfänger Hinweise geben, wie er viel aus einem Feedback ableiten kann und wie er dafür sorgen kann, ehrliches und konstruktives Feedback zu erhalten. Letztlich also Mittel und

Wege, um eine Feedback-Kultur zu entwickeln und zu unterstützen.

Wenn Sie anderen ein wirkungsvolles und akzeptables Feedback geben wollen, dann sollten Sie darauf achten, dass Ihr Feedback die folgenden Elemente möglichst in der angegebenen Reihenfolge enthält:

Reihenfolge der Elemente des Feedbacks

1. Die genaue und wertneutrale Beschreibung der Wahrnehmung, auf die Sie sich beziehen werden.

   Dies an den Anfang zu stellen ist wichtig, damit der Feedback-Empfänger sich inhaltlich einstellen kann. An dieser Stelle noch keine Bewertung vorzunehmen ist ebenfalls wichtig, damit beim Feedback-Empfänger kein Widerstand ausgelöst wird.

2. Die Reaktion, die diese Wahrnehmung bei Ihnen ausgelöst hat. Diese Reaktionen wiederum können drei Richtungen haben:

   a) Fragen die sich für Sie ergeben haben,

   b) Gefühle, die aufgrund der Wahrnehmung bei Ihnen entstanden sind,

   c) Folgerungen, die Sie angestellt haben.

3. Wünsche die Sie an den anderen haben oder Konsequenzen, die sich daraus aus Ihrer Sicht ergeben.

FORMULIERUNGSBEISPIELE HIERZU

Ein Mitarbeiter ist sich unsicher, ob der Vorgesetzte mit den Ergebnissen seiner Arbeit auch wirklich zufrieden ist:

(1) Wenn ich bei Ihnen Ausarbeitungen abgeliefert habe, lauten Ihre Kommentare nach Durchsicht oft »nicht schlecht«. (2a) Ich wüsste gerne, ob es aus Ihrer Sicht noch Verbesserungsmöglichkeiten gibt oder ob Sie wirklich zufrieden damit sind, (2b) denn ehrlich gesagt, fühle ich mich bei diesen Kommentierungen manchmal verunsichert. (3) Deshalb möchte ich mehr Klarheit in der Frage, welche Anforderungen Sie an meine Ausarbeitungen stellen.

Ein Mitarbeiter möchte auch weiterhin mehr Entscheidungsfreiheit haben:

(1) Beim Projekt XY hatten Sie mir viel Entscheidungsspielraum bezüglich der Vorgehensweise gelassen. (2c) Daraus habe ich geschlossen, dass Sie mir Entscheidungsfähigkeit zutrauen – (2b) das hat mich sehr motiviert und angespornt. (3) Nachdem wir uns ja auch einig waren, dass die Ergebnisse sehr gut waren, möchte ich mit Ihnen absprechen, wo ich künftig generell stärker selbst entscheiden kann.

6.5 Wenn Sie Feedback geben: Spielregeln sind wichtig

Worauf sollten Sie achten, wenn Sie jemandem – insbesondere im Sinne dieses Buches Ihrem Vorgesetzten – ein Feedback geben wollen? Vorausgesetzt Sie halten die im vorigen Kapitel vorgeschlagene Struktur ein, haben Sie schon den ersten Teil der Voraussetzungen geschaffen, die wichtig dafür sind, dass das Feedback auch inhaltlich richtig ankommt und von der Sache her verstanden wird.

Das Einhalten der folgenden weiteren Spielregeln wird in der Regel die Grundlage dafür bieten, dass Ihr Gesprächspartner auch wirklich bereit ist, sich mit dem im Feedback enthaltenen Veränderungswunsch konstruktiv zu befassen. Hier geht es also stärker um die emotionale Ebene und um die Motivation zur Veränderung. Und natürlich sind diese Regeln besonders da wichtig, wo Sie mit dem Feedback darauf abzielen, dass Ihr Vorgesetzter künftig etwas anders machen soll als bisher.

Achten Sie deshalb auf die Einhaltung folgender Regeln:

So bringen Sie Ihren Gesprächspartner dazu, sich konstruktiv mit Ihrem Veränderungswunsch zu befassen:

- Sorgen Sie dafür, dass das Gespräch ohne äußere Störungen stattfinden kann.
- Stellen Sie sicher, dass das Gespräch unter vier Augen stattfindet.

- Achten Sie darauf, ob Ihr Gesprächspartner auch innerlich bereit ist, sich auf ein Feedback einzulassen. Wer unter Zeitdruck steht, wird sich nur schwer auf ein Feedback-Gespräch einstellen können – ebenso, wenn gerade andere enorm wichtige Themen die volle Aufmerksamkeit beanspruchen.
- Versuchen Sie, eine möglichst hierarchiefreie Atmosphäre zu schaffen – beispielsweise das Gespräch in einer Besprechungsecke zu führen anstatt dem Vorgesetzten an seinem Schreibtisch gegenüber zu sitzen.
- Achten Sie generell auf die Sitzposition – wenn Sie sich gewissermaßen »Auge in Auge« gegenüber sitzen, kann das eher unnötige Konfrontationen hervorrufen, als wenn die Sitzposition einen 90-Grad-Winkel darstellt.
- Berücksichtigen Sie das richtige Timing: Wenn Sie sich über ein Vorkommnis massiv geärgert haben, wird es nicht sinnvoll sein, das Feedback aus dem ersten Ärger heraus sofort zu führen. Da kann es sinnvoll sein, zunächst Abstand zu gewinnen und beispielsweise erst einmal »darüber zu schlafen«.
- Führen Sie das Gespräch in einem für Ihren Partner nachvollziehbaren zeitlichen Zusammenhang mit dem Feedback-Inhalt. Wenn Sie zu lange warten, ist die Situation, auf die Sie sich beziehen wollen, vielleicht für den Vorgesetzten schon zu weit weg, dass er noch etwas damit anfangen kann. Und auch für Sie selbst hat sich die Bedeutung vielleicht schon zu stark relativiert.
- Verwenden Sie die so genannten Ich-Aussagen statt der konfliktfördernden Du-Botschaften: Formulieren Sie also beispielsweise besser *»Ich habe mich maßlos geärgert«* statt mit einem *»Sie haben mich geärgert«* Ihren Gesprächspartner direkt anzugreifen. Oder *»Mir sind rechtzeitige Informationen wichtig«* statt *»Sie sollten Ihre Mitarbeiter früher informieren!«*

- Formulieren Sie positiv und berücksichtigen Sie dabei, dass in jedem Verhalten eine Stärke steckt. Wenn Sie unter den Ad-hoc-Entscheidungen Ihres Vorgesetzten leiden, könnten Sie beispielsweise formulieren:

  »Sie haben gestern entschieden, das Projekt XY sofort einzustellen. Ich finde es grundsätzlich gut, dass Sie notwendige Entscheidungen stets sehr schnell und zielsicher treffen. In diesem Fall hätte ich mir jedoch mehr Zeit gewünscht, um Ihnen meine Vorstellungen dazu vermitteln zu können.«

- Scheuen Sie sich nicht, den »eigenen Anteil« ins Gespräch einfließen zu lassen und auch eigene Fehler oder Versäumnisse anzusprechen – und beispielsweise im vorausgegangenen Beispiel noch zu ergänzen:

  »Sicher hätte ich gestern selbst noch deutlicher sagen können, dass mir die Entscheidung zu schnell gegangen ist.«

- Orientieren Sie sich an der Persönlichkeit Ihres Gesprächspartner und achten Sie einerseits darauf, wieviel an Feedback er aufnehmen kann und andererseits, in welcher Art und Weise er Feedback am besten annimmt.
- Beziehen Sie sich im Feedback-Gespräch generell auf wenige Sachverhalte, bei zu vielen Punkten besteht die Gefahr, dass Ihr Gesprächspartner sich plötzlich auf einer Anklagebank sieht und das Feedback als Pauschalkritik abwehren möchte.

Jedes Feedback bietet die Chance, mehr über die eigene Wirkung auf andere zu erfahren

Soweit einige Regeln für das Geben von Feedback. Natürlich wird es schwierig, wenn Sie jetzt versuchen, alle Regeln sofort zu verinnerlichen – vielleicht sind ja einige der Regeln ohnehin schon selbstverständlich für Sie. Erfahrungsgemäß ist es hilfreich, wenn Sie zunächst nur mit den Regeln beginnen, die für Sie als erste in der Umsetzung am wichtigsten sind.

6.6 Feedback annehmen – auch hier sind Spielregeln wichtig

Jedes Feedback bietet die Chance, mehr über die eigene Wirkung auf andere zu erfahren

Natürlich werden Sie selbst auch immer wieder einmal in der Situation sein, dass Sie von Ihrem Vorgesetzten oder auch von Kollegen und – wenn Sie Führungsaufgaben wahrnehmen – von Mitarbeitern ein Feedback erhalten. In jedem Feedback steckt auch eine große Chance, mehr über die Wirkung des eigenen Verhaltens auf andere zu erfahren und sich durch das Umsetzen dieser Erkenntnisse in bessere Verhaltensweisen gegenüber anderen noch besser positionieren zu können.

Praxisbeispiel

In einem Restaurant fragt der Kellner nach dem Essen einen Gast, wie es ihm geschmeckt habe. Der Gast antwortet, dass er insgesamt sehr zufrieden sei, ihm allerdings das Gemüse sowohl zu fest als auch zu kalt vorgekommen sei. Darauf beginnt der Kellner zu erklären, dass das in der Nouvelle Cuisine so üblich sei und dass man heutzutage das Gemüse nicht mehr wie früher lange kochen würde.

Der Gast findet sich plötzlich in einer Diskussion über seine Vorstellung von Speisen wieder und ist über die belehrenden Hinweise verärgert. Gleichzeitig bedauert er so ehrlich gewesen zu sein und beschließt, es künftig bei allgemeinen Aussagen zu belassen – also kein Feedback mehr – es bringt nur unnötige Diskussionen.

Der Kellner hat zumindest in Bezug auf diesen einen Gast die Chance vertan, mehr über die Wünsche seiner Gäste zu erfahren. Das Paradoxe ist: Einerseits bat er um ein Feedback – andererseits sorgte er durch seine Erklärungen dafür, dass der Feedback-Geber das Interesse am Feedback verlieren musste.

Feedback erhalten beinhaltet immer die Chance, eigenes Verhalten korrigieren zu können

Feedback zu erhalten als Chance zu begreifen ist allerdings nicht selbstverständlich. Gerade wenn das Feedback kritische Komponenten enthält, fällt es manchen schon etwas schwerer, das einfach so aufzunehmen. Doch gerade darauf kommt es an.

Nehmen Sie an, Sie haben den Mut gefasst, einen anderen auf eine Verhaltensweise anzusprechen, die aus Ihrer Sicht nicht in Ordnung ist und mit der er sich zudem auch öfters sehr ungünstig positioniert. Wenn Ihr Gegenüber Ihnen nun ins Wort fallen und begründen würde, warum er sich so verhalten hat und warum es schwierig sei, es anders zu machen, würden Sie wahrscheinlich sehr schnell aufgeben und Ihr Geggenüber hätte die Chance vertan, etwas über seine Wirkung auf andere zu lernen.

Wenn Sie also sicherstellen wollen, dass andere Ihnen gerne und ehrlich Feedback geben, dann sollten Sie auf einige Grundregeln achten.

So gelingt es Ihnen, ehrliches und konstruktives Feedback zu erhalten

- Hören Sie Ihrem Feedback-Geber aufmerksam und aktiv zu und ermuntern Sie ihn dazu, sein Feedback ausführlich zu formulieren.
- Wenn Ihnen einzelne Aspekte des Feedbacks unklar oder schwer verständlich erscheinen, sollten Sie durch offene Fragen herausfinden, was gemeint ist.
- Bedanken Sie sich für jedes Feedback und betonen Sie, dass Ihnen das Feedback wichtig ist.
- Bringen Sie zum Ausdruck, dass Sie die Meinung und den Wunsch des anderen verstehen.
- Vermeiden Sie unter allen Umständen, sich zu rechtfertigen nach dem Motto: *»Ich habe das ja so gemacht, weil …«* Bedenken Sie stattdessen, dass ein Feedback die Wirkungen beschreibt, die Ihr Verhalten bei einem anderen hervorgerufen hat – und dass diese Wirkungen nicht mehr wegdiskutiert werden können. Das ist die vielleicht schwerste Regel – deshalb ergänze ich an dieser Stelle gerne die Option: Wenn es irgendwie geht …
- Gehen Sie souverän damit um, wenn ein Feedback nicht den hier thematisierten Regeln entspricht; machen Sie sich nicht zum »Feedback-Polizisten«, indem Sie versuchen, anderen die Feedback-Regeln beizubringen – formulieren Sie das Feedback für sich so um, dass Sie etwas daraus lernen können.

- Überlegen Sie, ob Sie auf das Feedback oder auf einzelne Wünsche sofort eine Zusage zur Veränderung geben wollen.
- Machen Sie allerdings keine voreiligen Zusagen – sagen Sie nur das zu, was Sie auch wirklich bereit und in der Lage sind zu verändern.
- Handeln Sie nach dem Prinzip Eigenverantwortung: Überlegen Sie sorgfältig, ob Sie aus dem Feedback persönliche Konsequenzen ableiten wollen und können und wenn ja, was Sie verändern wollen. Bedenken Sie einerseits, dass jedes Feedback subjektive Teile enthält und Sie es niemals allen recht machen können – bedenken Sie andererseits, dass Veränderungsbereitschaft bezüglich Ihres Verhaltens auch dazu führen wird, dass Ihr persönliches Verhaltensrepertoire eine große und interessante Bandbreite umfasst.

6.7 Klarwerden über eigene Feedback-Tendenzen

»Solange ich nichts sage, ist alles in Ordnung« lautet der Wahlspruch nicht weniger Führungskräfte, wenn es um die Erwartung von Mitarbeitern geht, auch einmal eine Bestätigung oder Anerkennung für ihre Leistungen zu erhalten. Der Vorgesetzte, der sich diesen Leitsatz zu eigen gemacht hat, wird also Feedback in erster Linie als ein Mittel sehen, um Kritik zu üben – Anerkennung ist aus seiner Sicht nicht wichtig, deshalb geht er mit Anerkennung auch überaus zurückhaltend um.

Werden Sie sich über Ihr eigenes Feedback-Verhalten klar

Insgesamt lässt sich das Feedback-Verhalten an vier Blickrichtungen orientiert reflektieren und erkennen. Wenn Sie sich mit Ihren eigenen Feedbacktendenzen befassen, ist der Ausgangspunkt die Fragestellung, wie Sie sich verhalten, wenn es darum geht,

1. anderen ein Feedback zu geben,
2. Feedback anderer anzunehmen,

3. andere um ein Feedback zu bitten und
4. auf den Wunsch anderer um ein Feedback einzugehen.

Nutzen Sie die folgenden Ausführungen für eine persönliche Standortbestimmung. Achten Sie auf ein ausgewogenes Verhältnis, das für Sie persönlich in Ordnung ist und zu Ihnen passt. Denn eine ideale Relation oder eine Richtschnur gibt es nicht.

Anderen ein Feedback geben

Geben Sie genügend motivierendes positives Feedback?

Nutzen Sie die Chancen die einerseits darin stecken, anderen durch ein positives Feedback Sicherheit und Bestätigung zu geben – oder sind Sie in Bezug auf Lob und Anerkennung eher sparsam? Vielfach begründen Vorgesetzte ihren zurückhaltenden Gebrauch von positivem Feedback mit der Befürchtung, dass vom Mitarbeiter dann weitergehende Forderungen kommen könnten. Wenn Sie eine ähnliche Tendenz bei sich erkennen, dann sollten Sie überlegen, bei welchen Gelegenheiten Sie das positive Feedback intensivieren können. Zu Ihrer Zielgruppe kann ja durchaus auch Ihr Vorgesetzter gehören – auch er freut sich über positive Rückmeldungen. Eine Atmosphäre, in der gegenseitig positive Rückmeldungen zur Kultur gehören, ist für alle Beteiligten angenehm und motivierend.

Geben Sie frühzeitig konstruktiv kritisches Feedback oder sammeln Sie Ärgerpunkte?

Wie konsequent nutzen Sie die Möglichkeiten, durch kritisches Feedback ungünstige Verhaltensweisen so frühzeitig anzusprechen, dass Änderungen noch leicht möglich sind und Sie nicht selbst anfangen, sich auf einzelne »Fehler« anderer einzuschießen? Nicht geäußertes Feedback führt schnell zum so genannten »Rabattmarkeneffekt«. Das Verhalten, was man als kritikwürdig sieht, wird sich nicht ändern, weil der andere nicht weiß, dass es als störend empfunden wird. Die eigene Wahrnehmung konzentriert sich nun zunehmend auf den Kritikpunkt – bei jedem »Fehlverhalten« sammeln wir dann quasi Ärgerpunkte oder Rabattmarken. Irgendein kleiner Anlass führt dann zu einem spontanen und eher unkontrollierten Ausbruch – die Kritik hat dann nichts mehr mit Feedback zu tun, sondern wird unsachlich und verletzend und bewirkt damit oft gerade das Gegenteil dessen, was beabsichtigt war.

Feedback anderer annehmen

Können Sie Lob akzeptieren?

Positives Feedback anzunehmen scheint auf den ersten Blick unproblematisch. Manchen Menschen ist allerdings ein positives Feedback unangenehm und sie wehren es – beispielsweise aus Bescheidenheit – ab. Die Folge kann sein, dass andere den Widerstand wahrnehmen und positives Feedback künftig ausbleibt.

Nutzen sie kritisches Feedback um Ihr Verhalten zu optimieren?

Spannender ist natürlich die Fragestellung, inwieweit Sie bereit und in der Lage sind, kritisches Feedback anzunehmen und es auf Möglichkeiten hin zu untersuchen, das eigene Verhalten zu modifizieren. Die Schwierigkeit hat viel mit dem Selbstwertgefühl zu tun – wer sich seiner selbst nicht sehr sicher ist, wird Feedback eher als Angriff erleben. Prüfen Sie für sich also die Frage, ob ihre persönliche Kritikfähigkeit eine ausreichende Basis für den Umgang mit kritischem Feedback bietet.

Andere um ein Feedback bitten

Wer eine Aufgabe gut oder sogar besonders gut erledigt hat, freut sich sicher über eine positive Rückmeldung. Oft ist das Warten darauf allerdings vergebens. Beispielsweise weil man einen Vorgesetzten hat, der – siehe Beispiel oben – mit positivem Feedback zurückhaltend bis geizig ist. Viele vertreten die Meinung »Ein positives Feedback, um das man bitten muss, ist nichts wert« – und vertun damit auch die Chance, anderen deutlich zu machen, dass ihnen auch das positive Feedback wichtig ist.

Können sie auch kritisches Feedback einfordern, um Aufschluss über Ihre Leistungen zu bekommen?

Möglicherweise kennen Sie auch Situationen, in denen Sie genau wissen, dass Ihr abgeliefertes Arbeitsergebnis fehlerhaft war. Ihr Vorgesetzter ist nicht weiter darauf eingegangen und hat die notwendigen Änderungen selbst vorgenommen oder durch jemand anderen vornehmen lassen. In solchen Situationen – wenn ein kritisches Feedback gewissermaßen in der Luft liegt – ist es wichtig, sich Klarheit zu verschaffen und auch ein kritisches Feedback zu erbitten oder sogar einzufordern.

Auf den Wunsch anderer um ein Feedback eingehen

Können Sie dem Wunsch nach Lob entsprechen?

Wenn Sie selbst Führungsaufgaben wahrnehmen, dann kennen Sie sicher Situationen, in denen Mitarbeiter auf eine

Rückmeldung warten. Eigentlich wäre es selbstverständlich, darauf einzugehen und beispielsweise ein Arbeitsergebnis im Sinne eines Feedbacks zu kommentieren oder auf die Frage eines Mitarbeiters, wie zufrieden Sie mit seiner Präsentation bei der Abteilungsleitersitzung waren, direkt zu antworten.

Trotzdem geht nicht jeder gern auf solche Wünsche ein und verweigert ein Feedback. Sei es, weil er nur ungern ein Lob aussprechen möchte oder weil er sich schwer tut, klar Stellung zu beziehen. Auch eine spezielle Tendenz kann hier mitspielen: »Ich entscheide selbst, wann ich etwas für anerkennenswert halte«.

Können Sie dem Wunsch nach ehrlicher Beurteilung nachkommen?

In Bezug auf die Ausprache von Kritik hat eine Verweigerungstendenz viel mit Harmoniestreben und damit auch mit einer Abneigung gegen alle Situationen zu tun, die Konfliktpotenzial enthalten könnten. Anderen nicht »wehtun« zu wollen, ist zwar eine Methode, um eine harmonische Atmosphäre zu erreichen. Wenn es sich hier aber lediglich um eine Scheinharmonie handelt, unter der Ärger und Enttäuschung verborgen sind, ist das nur eine Konfliktvermeidung auf Zeit.

TEIL B Führungs-Know-how – Führungsinstrumente kennen und anwenden

Wenn Sie als Mitarbeiter auf Ihre Vorgesetzen wirkungsvoll und konstruktiv Einfluss nehmen wollen, ist es unabdingbar, über ein gewisses Know-how in Sachen Führung zu verfügen.

»Management by Objectives« – Führen durch Zielvereinbarungen

Das von den meisten aufgeschlossenen Unternehmen angewandte Führungsprinzip ist das so genannte »Management by Objectives« – das Führen durch Zielvereinbarungen. Führen durch Zielvereinbarungen ist nicht nur das aktuelle Führungsmodell der Wahl, sondern vor allem auch dasjenige Führungsmodell, in dessen Rahmen Mitarbeiter die Inhalte ihrer Tätigkeit und die Art und Weise der Aufgabenerfüllung am ehesten aktiv beeinflussen und eigenverantwortlich mitgestalten können.

In diesem Sinne werden im folgenden Kapitel die elementaren Führungsinstrumente des »Management by Objectives« vorgestellt.

In Unternehmen, in denen nicht nach diesen Prinzipien geführt wird, in denen Vorgesetzte also autoritären Druck ausüben oder die Dinge einfach laufen lassen, haben es Mitarbeiter ungleich schwerer, eigene Vorstellungen umzusetzen und Veränderungen zu initiieren. Sollten Sie in einem solchen Unternehmen tätig sein, können Sie entweder versuchen, die Abläufe im Sinne von Zielvereinbarungen positiv zu verändern oder aber die Hinweise in Teil C und besonders in Teil D (Veränderungen in besonders schwierigen Konstellationen) umzusetzen.

1 Ausgangspunkt: Zielklarheit

Was soll erreicht werden?

Genau wie für jeden Menschen gilt auch für Organisationen der Satz: *»Wer nicht weiß, wohin er will, braucht sich nicht wundern, wenn er woanders ankommt.«* Zielorientierung ist eine unabdingbare Voraussetzung für Organisationen. Die Bandbreite reicht von der langfristigen Ausrichtung auf bedeutende strategische Ziele über operative Ziele im Tagesgeschäft bis hin zur klaren Zielsetzung für eine einzelne

Aufgabe. Es muss deutlich definiert sein, was die Organisation erreichen möchte.

Wie soll es erreicht werden?

Daneben ist eine zunehmend wichtiger werdende Frage die Frage nach dem »wie«. Deshalb bildet oft ein schriftlich formuliertes Unternehmensleitbild (siehe Teil A, Kap. 4) den generellen Rahmen und die langfristige Orientierung für die Ziele. Es ist dann eine Kombination aus einerseits »harten Zielen«, die Antwort auf die Frage geben, was erreicht werden soll und »weichen Zielen«, das heißt den Visionen, Prinzipien und Werten, welche die Art und Weise beschreiben, in der Ziele angestrebt werden sollen.

1.1 Wie Unternehmensziele zustande kommen

Ziele können in Unternehmen grundsätzlich auf zwei Arten zustande kommen:

Top-down: *von oben nach unten*

- Top-down werden sie als Ergebnis von Analysen und Entscheidungen der Inhaber, Vorstände, Geschäftsführer etc. festgelegt, für jede Ebene im Unternehmen differenziert und schließlich bis auf den einzelnen Arbeitsplatz »heruntergebrochen« und als verpflichtende Detailziele verkündet. Für diese Variante spricht die Überlegung, dass das Management in der Regel über einen sehr guten Informationsstand in Bezug auf die globale Marktsituation und die Mitbewerberlandschaft verfügt, längerfristige Trends und Megatrends erkennt, schließlich auch die Gesamtverantwortung trägt und damit letztlich auch die Entscheidungskompetenz hat.

Bottom-up: *von unten nach oben*

- Bottom-up werden die Zielvorstellungen jedes Mitarbeiters so festgehalten, dass sich aus der Addition der einzelnen Ziele die gesamte Zielsetzung des Unternehmens ergibt. Auch für diesen – basisdemokratischen – Ansatz sprechen einige Argumente: Die Mitarbeiter haben den direkten Draht – sowohl zum Kunden als auch zu den Problemen vor Ort und können daher am realistischsten einschätzen, welches die wichtigen Ziele sind und wie hoch die Ziele angesetzt werden können, damit sie auch noch erreichbar sind.

In der Praxis werden beide Ansätze selten in Reinkultur umgesetzt, in der Regel werden die beiden Modelle in einem Top-down – Bottom-up-Ansatz miteinander kombiniert:

Ziele werden von der Unternehmensleitung und den obersten Führungsebenen entworfen und zunächst intern als Orientierungsgrößen bekannt gegeben und zur Diskussion gestellt. Rückmeldungen zu den beabsichtigten Zielen und deren Größenordnung werden gesammelt und verdichtet und in einem weiteren Entscheidungsprozess auf oberster Ebene diskutiert und so weit notwendig und sinnvoll bei der Festlegung der endgültigen Ziele berücksichtigt.

Jeder Mitarbeiter übernimmt die Verantwortung für seinen »Anteil« an der Gesamtzielerreichung

Die so modifizierten Ziele werden schließlich in einem konsequenten Zielvereinbarungsprozess Top-down kommuniziert, sodass schließlich jeder Mitarbeiter die Verantwortung für seinen »Anteil« an der Gesamtzielerreichung übernimmt. Zielerreichung bzw. Zielabweichungen werden in regelmäßigen Abständen reflektiert, damit notwendige Korrekturen rechtzeitig vorgenommen werden können. Sei es, dass die Ziele verändert werden oder die Mittel und Wege zur Zielerreichung verändert werden.

Grundidee des Führens mit Zielen

So wird die Grundidee des Führens mit Zielen erreicht: Die von den Zielen »Betroffenen« können stärker beteiligt werden

- an der Formulierung von Zielen,
- an der Entwicklung von Strategien zur Zielerreichung,
- an der Kontrolle der Zielerreichung.

höhere Identifikation der Mitarbeiter mit den Zielen

Damit ist mehr an Identifikation mit den Zielen möglich als wenn Ziele lediglich Top-down angeordnet werden. Gleichzeitig ist das ganze Unternehmen einheitlich auf die wesentlichen Ziele ausgerichtet; alle Energien werden in die gleiche Richtung gelenkt – das Unternehmen und alle Mitarbeiter profitieren letztlich davon, in einem langfristig erfolgreichen Unternehmen zu arbeiten.

So sollte es sein – zumindest im Modell. Wie aber sieht es in der Praxis aus?

Praxisbeispiel

Im internen Seminarprogramm eines namhaften und recht erfolgreichen mittelständischen Herstellers von qualitativ hochwertigen Bauprodukten wird unter anderem ein

Führungsseminar mit dem Titel »Führen mit Zielen« angeboten. Als Zielgruppe sind die Führungskräfte unterer und mittlerer Führungsebenen vorgesehen. Die Notwendigkeit und den Nutzen von klarer Zielorientierung stellen die Seminarteilnehmer denn auch in keiner Weise in Frage – schließlich haben sie in ihrer Praxis auch bisher nicht ziellos gearbeitet, sondern unbewusst und intuitiv ihre Aktivitäten und die ihrer Mitarbeiter auf Ziele ausgerichtet. Insofern geht es im Seminar auch in erster Linie darum, noch mehr Sicherheit zu erhalten, noch mehr Professionalität im Führen mit Zielen zu entwickeln und insbesondere um die Frage, wie man sich über die Ziele des Tagesgeschäfts hinaus auch an konkreten längerfristigen Zielen zu orientieren kann.

Da wird allerdings von einigen schnell wieder ein bekanntes Klagelied angestimmt: Woran soll ich mich denn bei den längerfristigen Zielen orientieren, wenn ich wiederum von meinem Vorgesetzten keine klaren längerfristigen Ziele bekomme? Und auf Nachfragen verdichtet sich der Eindruck zur Gewissheit, dass in diesem Unternehmen Führen mit Zielen nicht als Gesamkonzept im Rahmen klar definierter und vereinbarter Unternehmensziele stattfindet, weil die konkreten Ziele von »ganz oben« fehlen.

Die Diskussion im Kreise der Seminarteilnehmer dreht sich um zwei Alternativen:

- *entweder Ziele von oben einzufordern oder*
- *die eigene Zielorientierung zu professionalisieren und darauf zu vertrauen, dass die selbst entwickelten Ziele mit dem Blick auf die bisherigen Erfahrungen letztlich so verkehrt nicht sein können.*

Mangelnde Zielorientierung ist das Problem vieler Unternehmen

Ein Einzelfall? Leider nein – zumindest bezogen auf die Erfahrungen als Berater und Trainer in mittelständischen Unternehmen. Hier wird das Führen mit Zielen oft eher unsystematisch als planvoll, eher kurzfristig als langfristig und eher in Form von Vorgaben als im Rahmen von Vereinbarungen praktiziert. Eine Feststellung mit großer Tragweite, wenn Sie bedenken, dass weit über die Hälfte aller Beschäftigten in mittelständischen Unternehmen arbeiten. Wenn diese Unternehmen trotzdem erfolgreich sind, liegt das in der Regel daran, dass Mitarbeiter und Führungskräfte pragmatisch denken und handeln und immer wieder Wege finden, um zumindest ihr eigenes Verantwortungsgebiet durch klare Ziele zu gestalten.

Fehlen einer langfristigen strategischen Ausrichtung

Trotzdem haben diese Unternehmen ein nicht zu unterschätzendes Problem: Durch das Fehlen

- einer klaren Gesamtzielsetzung des Unternehmens und
- einer langfristigen strategischen Ausrichtung

ergibt sich für sie eine Tendenz, nicht aktiv zu agieren, sondern eher passiv zu reagieren. Nicht aktive Planung, sondern Veränderungen im Umfeld geben die Notwendigkeit zu handeln vor.

Vielfach dominiert das Tagesgeschäft

Solche Unternehmen laufen Gefahr, notwendige Anpassungen auf veränderte Rahmenbedingungen nicht frühzeitig genug und vor allem nicht mehr in der erforderlichen Geschwindigkeit vollziehen zu können. Je mehr das kurzfristige Reagieren Ressourcen bindet, desto verhängnisvoller wird der Effekt, dass das Tagesgeschäft derart dominiert, dass überhaupt keine Energien mehr für eine langfristige Ausrichtung übrigbleiben.

Daneben besteht die Gefahr, dass durch unterschiedliche Zielrichtungen in einzelnen operativen Bereichen einerseits eine einheitliche Strategie nach außen immer schwerer durchzuhalten ist und andererseits die internen Abläufe und Prozesse und vor allem die Koordination zwischen einzelnen Bereichen immer problematischer wird.

Schließlich ist ohne klare und in sich logische Zielhierarchien ein Handeln nach Prioritäten eher vom Zufall und von der jeweiligen Situation abhängig, als dass es um eine konsequente Umsetzung einer längerfristigen strategischen Ausrichtung gehen könnte.

durch gemeinsame Zielfindung über den Tellerrand des Tagesgeschäftes hinaussehen können

Ganz im Gegensatz zu Unternehmen mit fundierter Ausrichtung auf langfristige Ziele: In diesen Unternehmen gehen die Vorstellungen und Planungen über den Tellerrand des Tagesgeschäfts hinaus. Diese Unternehmen stellen sich frühzeitig auf die wichtigen Trends und Entwicklungen ein und handeln aus eigener Initiative. Alle Kräfte sind auf gemeinsame Ziele ausgerichtet und gebündelt.

Sie werden jetzt möglicherweise einwenden, dass das doch letztlich oben entschieden werden muss. Keine Frage, die »Treppe wird von oben gekehrt«. Trotzdem kann jeder Mitarbeiter im Unternehmen etwas dazu beitragen, dass die notwendige Zielklarheit zumindest innerhalb des eigenen Teams gegeben ist und dass sie darüberhinaus auch durch permanente Bottom-up-Intiativen forciert wird.

1.2 Für Zielklarheit und tragfähige Vereinbarungen sorgen

Aufgaben und Ziele sind nicht das gleiche

In der Praxis ist die Abgrenzung von Aufgaben und Zielen häufig noch unklar. Um nicht in diesen Fehler zu verfallen, sollen zunächst einmal die entsprechenden Definitionen für Klarheit sorgen:

- ein Ziel beschreibt einen angestrebten bzw. zu erreichenden Zustand,
- eine Aktivität bzw. Maßnahme ist ein einzelner Schritt auf dem Weg zur Erreichung von Zielen,
- die Strategie beschreibt eine Bündel von Aktivitäten bzw. Maßnahmen, mit denen ein bestimmtes Ziel angestrebt wird.

Beispiel für ein Ziel:

Bis Ende Juni ist die Kostenstellenrechung und bis zum Ende des folgenden Jahres ist die Kostenträgerrechnung eingeführt, wobei ein Budget für bezahlte Überstunden in Höhe von DM XY zur Verfügung steht.

Beispiele für die entsprechenden Maßnahmen:

Die Anforderungen an die Erweiterung der Software werden bis Ende Januar durch die Abteilung YZ so präzise definiert, dass eine Ausschreibung erfolgen kann.

Die Abteilung Einkauf fordert bis Ende Februar drei EDV-Dienstleister zur Abgabe eines Angebots entsprechend den definierten Anforderungen auf und stellt den Abschluss des Dienstleistungsvertrages bis Mitte Februar sicher.

Die Strategie:

Die Bündelung aller Maßnahmen insgesamt, die notwendig sind, um das Ziel zu erreichen, bildet dann die Strategie.

Kriterien für professionelle Zielformulierungen

Professionelle Zielformulierungen sind nach den folgenden Kriterien aufgebaut.

Professionelle Zielformulierungen

- sind inhaltlich so präzise beschrieben, dass sie nachgeprüft werden können,
- enthalten quantitative Messkriterien,
- beinhalten eine qualitative Komponente,
- sind durch genaue Termine und ggf. Zeiträume präzisiert,
- sind in ein gesamtes Zielsystem integriert,
- enthalten keine Widersprüche zu anderen Zielen,
- sind realisierbar aber trotzdem herausfordernd,
- enthalten Hinweise auf wichtige Rahmenbedingungen.

1.3 Ziele sinnhaft und motivierend formulieren

Über diese sachlichen Aspekte hinaus ist es sinnvoll, Ziele so zu formulieren, dass eine tragfähige Basis für die Identifikation gegeben und die Akzeptanz des Ziels gewährleistet ist.

Faktoren, die die Identifikation mit Zielen fördern

Die Motivation, seine Energien wirklich voll und ganz auf das Ziel zu bündeln, aktiv zu werden und konsequent in der Zielrichtung zu bleiben, wird vor allem dann gefördert, wenn

Wozu dient das Ziel?

- die Frage nach dem »wozu« beantwortet ist. Die Zielbeschreibung sollte immer den Sinn des Ziels erkennen lassen: *... zur Stärkung der Marktposition – ... zur Erhöhung der Kundenbindung – ... zur Verbesserung der Ertragslage – ... zur Vereinfachung der internen Prozesse* etc.,
- das Ziel positiv formuliert ist und beschreibt, was erreicht werden soll anstatt – nur – darauf bezogen zu sein, was vermieden werden soll: *»Wir wollen, die anfallenden Arbeiten in einem neun-Stunden-Tag zu bewältigen«* statt: *»Wir wollen mit weniger Überstunden auszukommen«*,

Was hat der Einzelne davon?

- eine Verknüpfung zu persönlichen Entwicklungszielen und längerfristigen Perspektiven hergestellt ist.

Eine Präzisierung der Ziele ist auch dadurch möglich, dass zwischen den Arten von Zielen unterschieden wird:

Je präziser die Ziele, desto wahrscheinlicher die Umsetzung

- STANDARD- UND ROUTINEZIELE
  werden dann formuliert, wenn der bisherige Zielerreichungsgrad nicht mehr gesteigert werden soll oder kann oder wenn ein bereits erreichter Standard nicht mehr weiter verbessert werden soll oder kann, aber auf jeden Fall sichergestellt sein soll, dass das erreichte Niveau nicht mehr unterschritten wird:
  Die Fehlerquote bewegt sich wie im Vorjahr in einem Korridor zwischen 1,0 und 1,5 Prozent und bleibt im Jahresdurchschnitt weiterhin unter 1,2 Prozent.

- PROBLEMLÖSUNGSZIELE
  bieten sich an, wenn die Überwindung einer bestimmten Schwierigkeit im Vordergrund steht:
  Zur Verbesserung der Kundenzufriedenheit wird die Fehlerquote im Jahresdurchschnitt nachhaltig um zwei Prozentpunkte unter das Vorjahresniveau gedrückt.

- INNOVATIONS- ODER KREATIVE ZIELE
  beschreiben deutliche und ambitionierte Verbesserungen oder Veränderungen gegenüber dem bisherigen Standard:
  Im nächsten Jahr werden 5 Prozent des Umsatzes mit neuen Produkten im Rahmen unserer Kernkompentenzen in angestammten und angrenzenden Märkten erzielt.

- PERSÖNLICHE ENTWICKLUNGSZIELE
  beziehen sich auf die fachliche, persönliche und soziale Kompetenz von Mitarbeitern:
  Herr XY erreicht unter anderem durch eine professionelle Reklamationsbearbeitung eine nachhaltige Erhöhung der Stammkundenquote und eine messbare Verbesserung der Kundenzufriedenheit.

1.4 Die Mischung macht's – das komplette Zielsystem

In der Praxis wird das Arbeiten mit Zielen immer darauf hinauslaufen, dass eine logische und sinnvolle Verknüpfung von kurz-, mittel- und langfristigen Zielen einerseits und ande-

sinnvolle Verknüpfung von Zielen

rerseits aus Standard-, Problemlösungs-, Innovations- und persönlichen Entwicklungszielen entsteht.

Welcher Grad an Zielorientierung herrscht in Ihrem Unternehmen?

Überprüfen Sie die folgende Checkliste, um für Ihre Situation in Ihrem Unternehmen den Status quo in Bezug auf die Qualität der Zielorientierung zu ermitteln:

Checkliste für den Grad der Zielorientierung

- Ziele sind für mich klar formuliert.
- Die Ziele sind aus den Unternehmenszielen abgeleitet.
- Die Gesamtziele des Teams sind für mich transparent.
- Innerhalb der Ziele gibt es eine klare Hierarchie.
- Die Rahmenbedingungen sind berücksichtigt worden.
- Es gibt regelmäßige Zielvereinbarungsgespräche.
- Grundlage der Ziele ist eine Vereinbarung.
- Vereinbart sind wichtige längerfristige Ziele.
- Ich konnte auf die Festlegung der Ziele Einfluss nehmen.
- Ich habe Freiräume, wie ich die Ziele erreichen will.
- Ich verfüge über die notwendigen Kompetenzen.
- Die Zielvereinbarung ist schriftlich fixiert.
- Die Ziele sind zwar ambitioniert aber erreichbar.
- Ich identifiziere mich mit den Zielen voll und ganz.

1.5 Ziele und deren Kontrolle – der Regelkreis des Erfolgs

Ziele sind kein Selbstzweck

Ziele zu formulieren darf und kann kein Selbstzweck sein. Ziele ohne die Bereitschaft, die Zielerreichung auch kontrollieren zu wollen, können nur eine Pflichtübung darstellen. Erst die Kontrolle ob und inwieweit die Ziele erreicht werden konnten, bietet die Grundlage für das weitere zielorientierte Vorgehen.

Im Rahmen der Kontrolle muss überprüft werden, ob die Ziele

- genau erreicht wurden oder ob sie
- mit mehr oder weniger großen Abweichungen nur teilweise erreicht wurden oder ob
- mehr als geplant erreicht wurde.

Bei jeder Abweichung – ob nach oben oder nach unten – muss dann sorgfältig analysiert werden, ob

- die Ziele richtig definiert waren,
- die geplanten Aktivitäten zielführend waren,
- die vereinbarten Aktivitäten auch planmäßig umgesetzt wurden,
- die Rahmenbedingungen ausreichend berücksichtigt wurden,
- grundlegende Veränderungen oder neue Entwicklungen die Zielerreichung nachhaltig in Frage gestellt hatten und
- ob es eine rechtzeitige Reaktion auf Veränderungen gegeben hatte.

Schon bei der Vereinbarung von Zielen sollte die Kontrolle eingeplant werden

Schon bei der Vereinbarung von Zielen sollte die Kontrolle eingeplant werden. Dies geschieht beispielsweise durch das Festlegen von Messkriterien. Einfach zu bewerkstelligen ist das überall dort, wo mit Zahlen, Daten und Fakten gearbeitet werden kann. Beispielsweise Umsatzzahlen, Erlöse, Kosten, Fehlerquoten, Fehlzeiten, Anzahl von Reklamationen, Bearbeitungs- oder Durchlaufzeiten sind leicht zu ermitteln und als Grundlage für eine gemeinsame Ermittlung des Zielerreichungsgrades gut geeignet.

Qualitative Ziele sind schwierig zu messen

Schwieriger sind natürlich qualitative Ziele zu messen. Nehmen Sie an, ein Handelsunternehmen möchte die Kundenzufriedenheit verbessern. Lässt sich das allein an Umsatzzahlen oder an der Anzahl von Reklamationen ermitteln? Oder eine Werbeagentur setzt sich zum Ziel, kreativere Konzepte für die Kunden zu entwickeln. Wie misst man Kreativität?

In solchen Situationen ist oft das erste und nahe liegende Ziel, dass man sich zunächst das Schaffen von Messkritierien zum Ziel setzen muss und erst im zweiten Schritt darauf basierende Ziele definieren kann.

1.6 Warum sich der Aufwand, Ziele zu formulieren, lohnt

Vordergründig betrachtet – und ein wenig provozierend formuliert — könnte natürlich eine Situation ohne Ziele einfacher und bequemer sein. Ohne allgemein verbindliche und konsensfähige Ziele ist letztlich jede Aktivität aus der eigenen Sichtweise heraus als richtig einzuschätzen.

Ohne konkrete Ziele herrscht Willkür

Ohne Ziele kann man also praktisch keine Fehler machen? Mit dieser Annahme wird man allerdings auch gründlich daneben liegen. Denn letztlich ist es der Vorgesetzte, der die Aktivitäten der Mitarbeiter bewertet. Wenn es keine Ziele als Messgröße gibt, fördert das natürlich Subjektivität oder sogar Willkür. Unfaire Vorgesetzte können dann ohne weiteres den Spieß herum umdrehen und jede Aktivität als falsch bewerten.

SORGEN SIE FÜR EINDEUTIGE ZIELVEREINBARUNGEN!

Wenn Sie den Eindruck haben, dass es für Sie und Ihren Aufgaben- und Verantwortungsbereich keine klaren Ziele gibt oder die Ziele zwar grundsätzlich vorhanden, aber nicht eindeutig genug sind, dann sollten Sie aktiv werden – es sei denn, es sprechen wirklich nachvollziehbare und objektive Gründe dafür, dass Sie darauf warten, dass Ihr Vorgesetzter selbst etwas unternimmt.

Wie Sie Ziele bei Ihrem Vorgesetzten festmachen können

Zunächst geht es um die Ziele im Tagesgeschäft, die sich in eher kurzfristigen Dimensionen von einigen Wochen oder Monaten bewegen. Grundsätzlich bieten sich in dieser Kategorie zwei Strategien an:

Sie fragen ganz konkret nach den Zielen

- DIE VARIANTE »TRANSPARENZ SCHAFFEN«
  Sie fragen ganz konkret nach den Zielen – eventuell auch in der Art, dass Sie klare Ziele markant und nachhaltig einfordern – halten diese schriftlich fest und geben Ihrem Vorgesetzten eine Ausfertigung Ihrer Notizen zur Kenntnisnahme. Dadurch schaffen Sie Fakten, die ein Ausweichen erschweren werden und sorgen gleichzeitig dafür, dass

über Ihre Aktivitäten ein Konsens entsteht. Und letztendlich können Sie dann zu einem späteren Zeitpunkt den Grad der Zielerreichung reflektieren und damit Ihre Leistung messbar unter Beweis stellen. »Klappern gehört zum Handwerk« – wer seine Leistung nachweisen kann, kann in geeigneter Form darauf aufmerksam machen.

- DIE BEHARRLICHE VARIANTE
  Sie entwickeln selbst Ziele, präsentieren diese Ihrem Vorgesetzten und diskutieren Ihre Vorschläge bis Sie eine ausreichend präzise Zustimmung zu den Zielen bzw. zu Teilen davon erhalten. Sollten Ihre Vorschläge generell nicht auf Zustimmung stoßen, dann gilt es, noch einmal »Hausaufgaben« zu machen und Ziele so zu formulieren, dass Sie mit mehr Einverständnis rechnen können. Auch bei dieser Vorgehensweise ist eine einfache Dokumentation der Ziele wichtig – sowohl für Sie selbst als auch für den Vorgesetzten als Orientierung und als Grundlage für eine Überprüfung der Zielerreichung.

Sie entwickeln selbst Ziele

2 Im Zielvereinbarungsgespräch aktiv mitgestalten

Zielvereinbarungsgespräch, Jahresgespräch, Mitarbeitergespräch, Personalführungsgespräch ... hinter vielen verschiedenen Bezeichnungen steckt die gleiche oder zumindest doch eine sehr ähnliche Grundidee: Durch in größeren Abständen regelmäßig stattfindende intensive Gespräche mit dem Fokus auf die Entwicklung und Vereinbarung von Zielen soll eine Bündelung der Energien auf die wichtigsten Ziele erreicht und damit der unternehmerische Erfolg sichergestellt werden.

Mit dem Zielvereinbarungsgespräch ist also ein in der Regel jährlich stattfindendes gründliches und gründlich vorbereitetes Gespräch gemeint, in dem zwischen Vorgesetztem und Mitarbeiter – ggf. auch zwischen Vorgesetztem und allen Mitarbeitern eines Teams – die Ziele für einen künftigen Zeitraum von meistens einem Jahr diskutiert und gemeinsam in Form von Vereinbarungen festgelegt werden.

in der Regel jährlich stattfindendes gründliches und gründlich vorbereitetes Gespräch

2.1 Vereinbarung treffen heißt Einfluss nehmen

Eine Vereinbarung ist für alle Beteiligten bindend

Diese Gespräche basieren auf der Philosophie der Vereinbarungen – Vereinbarungen gewissermaßen als zweiseitiges Rechtsgeschäft. Eine Vereinbarung ist für alle Beteiligten bindend, deshalb sollten auch mit großer Ernsthaftigkeit Vereinbarungen so formuliert sein, dass sie wirklich den Willen und die ernsthaften Absichten aller Beteiligten widerspiegeln.

IN VEREINBARUNGEN ZWISCHEN MITARBEITERN UND VORGESETZTEN STECKT EINE ENORME HEBELWIRKUNG, HIER BESTEHT EINE HOHE CHANCE, AKTIV EINFLUSS ZU NEHMEN UND POSITIVE VERÄNDERUNGEN ZU INITIIEREN.

In Zielvereinbarungsgesprächen können Sie aktiv Einfluss nehmen durch

- eine gute inhaltliche Vorbereitung auf das Zielvereinbarungsgespräch,
- durch das Vorschlagen von Zielen und entsprechenden Messkriterien und
- durch das Entwickeln von Maßnahmen und Strategien zur Zielerreichung.

Sie können passiv Einfluss nehmen – ebenfalls gut vorbereitet – durch

- Nichtakzeptieren von Zielen, Messkriterien oder Strategien, hinter denen Sie im Grunde nicht stehen können und durch das
- Vermeiden von leichtfertigen Zielvereinbarungen ohne sachliche Grundlage und innere Überzeugung.

Mit jedem Zielvereinbarungsgespräch bestimmen Sie entscheidend mit über Ihre Zukunft

Mit jedem Zielvereinbarungsgespräch bestimmen Sie entscheidend mit über Ihre Zukunft – im positiven oder negativen Sinne. Was immer Sie tun – tun Sie es mit dem Bewusstsein, dass es Ihre eigene Entscheidung ist, in welcher Art und Weise und in welcher Richtung Sie Ihre Mitwirkungsmöglichkeiten praktizieren.

Im Idealfall finden diese Gespräche kaskadenartig statt, beginnend auf den obersten Führungsebenen systematisch durch das ganze Unternehmen hindurch bis auf die Mitarbeiterebene. Bevor die oberste Ebene – Geschäftsleitung, Vorstand – mit den Zielvereinbarungsgesprächen beginnt, sind häufig schon vorab die angestrebten Zielrichtungen und Zielgrößen auf den oberen Ebenen des Unternehmens als Orientierungsgrößen zur Diskussion gestellt worden. Die Meinungen hierzu werden so weit möglich und sinnvoll in den endgültig formulierten Zielen berücksichtigt. Mit dieser Vorgehensweise ist sichergestellt, dass die Ziele auf grundlegende Akzeptanz stoßen und dass schließlich bis auf die unterste Ebene jeder Mitarbeiter eine klare Orientierung hat, was sein konkreter Beitrag zur Erreichung der Unternehmensziele sein wird.

2.2 Wie sollten Zielvereinbarungsgespräche geführt werden?

konstruktive und entspannte Atmosphäre

Auch wieder als Idealfall gedacht finden diese Gespräche in konstruktiver und entspannter Atmosphäre statt. Der Dialog steht im Vordergrund um sicherzustellen, dass die letztendlich definierten Ziele auch wirklich akzeptiert und verinnerlicht sind. Vereinbarungen stehen im Vordergrund, wobei es in der Realität allerdings auch Situationen gibt, in denen Zielvorgaben im Raum stehen, ohne dass diese in Frage gestellt werden können. Allerdings sollte dort, wo es keinen Vereinbarungsspielraum in Bezug auf die Ziele gibt, zumindest in Bezug auf die Maßnahmen zur Realisierung der Ziele für den Mitarbeiter ausreichender Entscheidungsspielraum vorhanden sein und entsprechende Eigeninitiative vom Vorgesetzten gefördert werden.

Ein Zielvereinbarungsgespräch sollte sorgfältig vorbereitet werden

So praktiziert stellt dieses Gespräch ein »Highlight« – eine besonders wichtige Gesprächssituation zwischen Mitarbeiter und Vorgesetztem dar. Ein Gespräch, das aufgrund des Bewusstseins für die weitreichenden Konsequenzen mit besonderer Sorgfalt vorbereitet und geführt wurde. Ein Gespräch, dass sich bewusst von Tagesgeschäft und »Kleinkram« abhebt, weil es hier um eine langfristige zukunftsorientierte Sichtweise geht. Und vor allem ein Gespräch, in dem die Mitarbeiter in besonderer Weise Einfluss nehmen können und aktiv an der Gestaltung der gemeinsamen Zukunft mitwirken sollen. In Bezug auf die mögliche Rolle des Mitarbeiters stellt das Zielvereinbarungsgespräch also eine Schlüsselsituation dar.

Das folgende Praxisbeispiel zeigt – stellvertretend für viele ähnliche Erfahrungen – welche positiven Wirkungen die Gespräche in Unternehmen hervorrufen können und macht gleichzeitig deutlich, welche bis dahin unbemerkten Defizite dadurch aufgedeckt werden können.

Praxisbeispiel

In einem bekannten Unternehmen der Spirituosenbranche beschließt der Vorstand die Einführung von Zielvereinbarungsgesprächen. Die Einführung wird gründlich vorbereitet. Zunächst wird die geplante Vorgehensweise den Führungskräften und den Arbeitnehmervertretern in Workshops vorgestellt und zur Diskussion gegeben. Aus den Diskussionsbeiträgen werden einige Anregungen zur Verbesserung des Systems übernommen. Allen Vorgesetzten wird anschließend das Basiswissen zu diesem wichtigen Führungsinstrument vermittelt und die Durchführung der Zielvereinbarungsgespräche wird intensiv geschult bzw. trainiert. Vor der endgültigen Einführung im Gesamtunternehmen wird in zwei Abteilungen ein Pilotprojekt gestartet, um aus den dort gewonnenen Erfahrungen letzte Modifzierungen am Konzept vornehmen zu können. Im Anschluss an die erste Runde der Zielvereinbarungsgespräche wird zunächst für das Pilotprojekt eine gründliche Evaluierung durchgeführt, in der alle beteiligten Mitarbeiter zusätzlich zur Bearbeitung eines Fragebogens die Möglichkeit haben, in einem persönlichen Gespräch weiter gehende Hinweise auf positive und kritische Aspekte in Bezug auf Inhalte, Ablauf und Atmosphäre der Gespräche zu geben. Von dieser Möglichkeit wird generell in hohem Maße Gebrauch gemacht.

Trotz einer anfänglichen Skepsis gegenüber den Zielvereinbarungsgesprächen an sich wird in der Evaluierung ein positiver Trend deutlich.

Als besonders positiv wird von Mitarbeitern immer wieder die Tatsache herausgestellt, dass sich der Vorgesetzte – im Gegensatz zu der jahrelang erlebten Praxis – einmal wirklich ausreichend Zeit genommen hat, um in einem gründlichen Gespräch unter Berücksichtigung aller Rahmenbedingungen akzeptierte Ziele zu vereinbaren.

Natürlich gibt es kritische Tendenzen die zeigen, dass nicht alle Gespräche modellgerecht geführt worden sind. Als verbesserungwürdig werden genannt:

- *das Eingehen auf die Vorstellungen und Anregungen der Mitarbeiter,*
- *das Zugestehen von Freiräumen in der Vorgehensweise zur Zielerreichung,*
- *die Unterstützung durch den Vorgesetzten in Bezug auf ungünstige Rahmenbedingungen und*
- *die Bereitschaft, sich selbst kritischen Anmerkungen zu stellen.*

Ein weiteres Praxisbeispiel zeigt, wie wichtig es ist, dass diese Art von Gesprächen wirklich konsequent durch die Leitung gefordert und gefördert wird.

Die Unternehmensleitung muss konsequent hinter den Gesprächen stehen

Praxisbeispiel

In einer Behörde mit über 2000 Mitarbeitern soll neben anderen Maßnahmen ein jährliches Personalführungsgespräch zu einer konsequenteren Zielorientierung und einer Verbesserung der Zusammenarbeit führen. Mit Blick auf die Größe der Organisation soll die Idee durch Seminare für alle Führungskräfte in die Organisation hinein getragen werden – flankierend wird in einem internen Rundschreiben darauf hingewiesen, dass diese Personalführungsgespräche verbindlich zu führen sind. Bis zu einem bestimmten Stichtag ist die Durchführung aller Personalführungsgespräche nachzuweisen. Trotzdem ist die Teilnahme an den Seminaren zwar gewollt, aber letztlich doch freiwillig – 30 Prozent der Führungskräfte nehmen diese Gelegenheit nicht wahr.

In Seminaren, die über ein Jahr nach der offiziellen Einführung als »Nachschulungen« für neuere Führungskräfte oder für Führungskräfte durchgeführt wurden, die aus zeitlichen Gründen nicht an der ersten Seminarreihe teilnehmen konnten, hatten alle Teilnehmer selbst schon diese Gespräche life erlebt.

Wenn Sie nun vor diesem geschilderten Hintergrund der Einführung von Mitarbeitergesprächen vermuten, dass die Teilnehmer sehr unzufrieden waren mit der Art und Weise der erlebten – oder erlittenen – Gespräche, dann liegen Sie richtig. Pflichtübung, Monolog, Desinteresse, Verweigern des Gesprächs – das waren die immer wieder genannten frustrierenden Erfahrungen der Beteiligten.

Diese Schwierigkeiten in der Einführung lagen letztlich in einer eher halbherzigen und unprofessionellen Vorbereitung, innerhalb derer Seminare zwar einen positiven Beitrag leisten konnten, aber leider die flankierenden Maßnahmen nicht ausreichend waren. Sehr positiv wieder war die Tatsache, dass alle Teilnehmer an den Nachschulungen unisono beschlossen, dass sie im nächsten Gespräch dieser Art durch aktive Mitwirkung solche negativen Erfahrungen vermeiden würden.

Erst nach drei Jahren ist in der Regel genügend Erfahrung vorhanden

Aus dieser und anderen Evaluierungen wird deutlich, dass Mitarbeitergespräche nur durch Übung und vor allem durch das Sammeln von Erfahrungen zu wirklich konstruktiven und effektiven Zielvereinbarungsgesprächen werden. Aus den gewonnenen Erfahrungen empfehlen Berater generell, davon auszugehen, dass erst nach einer Zeit von 3 Jahren – sprich nach drei Runden Zielvereinbarungsgesprächen – genügend Erfahrungen vorhanden sind für eine wirklich professionelle Umsetzung.

die Erwartungen anfangs nicht zu hoch schrauben

Hier liegt natürlich auch Gefahrenpotenzial sowohl für den Einzelnen als letztlich auch für die gesamte Organisation: Wenn die Erwartungen an die Wirkung von Zielvereinbarungen zu hoch angesiedelt sind, dann ist die Enttäuschung umso größer, wenn die Erwartungen nicht erfüllt werden. Schnell greift dann Resignation Platz: »Das bringt doch alles nichts« und ähnliche Killerphrasen kursieren dann im Unternehmen. Daraus kann sich dann leicht ein Trend entwickeln, an die nächste Runde der Gespräche von vornherein mit Widerstand und Skepsis heranzugehen. Dann ist es auch kein Wunder, wenn diese Gespräche halbherzig und als Pflichtübung ohne innere Überzeugung geführt werden. Und niemand muss sich wundern, wenn dann anschließend das Engagement fehlt, sich voll auf die definierten Ziele zu konzentrieren.

SORGEN SIE AUF JEDEN FALL DAFÜR, DASS SIE GUT VORBEREITET IN EIN ZIELVEREINBARUNGSGESPRÄCH GEHEN.

Nur wenn Sie auf die einzelnen Punkte optimal vorbereitet sind, können Sie den Erfolg des Gespräches mitbestimmen. Ihre gute Vorbereitung bietet die Grundlage dafür, dass Sie im Gespräch eine angemessen aktive Rolle spielen und Ihren – wenn auch vielleicht geringen – Einfluss optimal geltend machen können.

Gute Vorbereitung ist die halbe Miete

Scheuen Sie sich nicht, eine angemessene Frist für die Vorbereitung einzufordern, falls Ihr Vorgesetzter versucht, Sie mit einem kurzfristig anberaumten Gesprächstermin in Zugzwang zu bringen. Machen Sie im Zweifel deutlich, dass auch Ihr Vorgesetzter nichts davon hat, wenn er ein einseitiges Gespräch führen würde, weil Sie sich ohne Vorbereitung nicht aktiv einbringen können.

Scheuen Sie sich nicht, eine angemessene Frist für die Vorbereitung einzufordern

2.3 Was sind Kerninhalte des Zielvereinbarungsgesprächs?

Für diese Art von Gesprächen gibt es unterschiedlich Ansätze. Teilweise wird auch getrennt zwischen dem Mitarbeitergespräch und dem Zielvereinbarungsgespräch. Die Differenzierung wird häufig so vorgenommen, dass das Mitarbeitergespräch sich eher um die »weichen Faktoren« dreht, wie Zufriedenheit am Arbeitsplatz, Zufriedenheit mit der Zusammenarbeit, den Rahmenbedingungen, dem Vorgesetzten und ähnliche eher emotionale Inhalte.

Im Mitarbeitergespräch geht es eher um die »weichen« Faktoren

Demgegenüber favorisiert das reine Zielvereinbarungsgespräch ausschließlich die rationalen und sachlichen Aspekte – Zahlen, Daten und Fakten in Bezug auf die Ziele, deren Erreichungsgrad und künftige Ziele.

Das reine Zielvereinbarungsgespräch entwickelt verbindliche und überprüfbare Ziele

Nur: Was bringt der Versuch einer solchen Trennung wirklich? Ist es möglich, über Ziele zu reden, ohne die Zufriedenheit mit den Aufgaben zu berücksichtigen? Kann man über Abweichungen in der Zielerreichung sprechen, wenn mangelnde Zusammenarbeit im Team die Zielerreichung unnötig hemmt und erschwert? Nach meiner Meinung ist auch

Emotionale und objektivierbare Aspekte sollten zusammen besprochen werden

hier der ganzheitliche Ansatz wichtig: die Verbindung der harten und der weichen Faktoren.

Diesem Grundgedanken folgt auch das folgende Gesprächsmodell. Die nachstehend aufgeführten Kerninhalte sollten vor einem Zielvereinbarungsgespräch analysiert und geklärt sein und im Gespräch den roten Faden für den Gesprächsablauf bieten. Sollte die in Ihrem Unternehmen vorgegebene Struktur nicht alle diese Sichtweisen berücksichtigen, sollten Sie sich trotzdem nicht scheuen, eine ganzheitliche Sichtweise im Gespräch anzustreben und die Themen zusätzlich anzusprechen, die aus Ihrer Sicht für ein konstruktives Gespräch wichtig sind und die auch eine Basis darstellen für die zu treffenden Vereinbarungen für die Zukunft.

ERST EINE GANZHEITLICHE GESPRÄCHSFÜHRUNG, DIE SOWOHL DIE OBJEKTIVIERBAREN ZIELBESTIMMUNGEN ALS AUCH DIE DAMIT ZUSAMMENHÄNGENDEN EMOTIONALEN FAKTOREN INTEGRIERT, WIRD DER JEWEILIGEN PRAXISSITUATION IM UNTERNEHMEN GERECHT.

Das wichtige Dutzend – die 12 Kerninhalte des Zielvereinbarungsgesprächs

1. Ihr Aufgaben- und Verantwortungsbereich
2. Die Arbeitsergebnisse
3. Die Zufriedenheit mit den Aufgaben
4. Die Zufriedenheit mit den Ergebnissen
5. Wesentliche Einflüsse auf die Arbeitsergebnisse
6. Die gegebene Fachkompetenz
7. Ihre persönliche und soziale Kompetenz
8. Ihre Führungskompetenz, wenn Sie Mitarbeiter führen
9. Ihre persönlichen Ziele
10. Die Qualität von Führung und Zusammenarbeit
11. Zielvereinbarungen/Messkriterien/Erfolgskontrolle
12. Eventuell notwendige flankierende Maßnahmen

Intensität und Umfang der Behandlung der einzelnen Punkte hängen natürlich von der jeweiligen Situation ab. Das heißt einerseits, dass Punkte, in denen absolute Klarheit herrscht, nicht tief schürfend behandelt und – um dem Protokoll zu genügen – zwanghaft ausdiskutiert werden müssen, bedeutet andererseits aber auch, dass Sie nicht zulassen sollten, dass wichtige Kerninhalte nicht in der gebotenen Gründlichkeit besprochen und im Konsens geklärt werden. Nur wenn wirklicher Konsens über jeden einzelnen Punkt besteht, kann das Zielvereinbarungsgespräch als Erfolg für beide Seiten verbucht werden.

Versuchen Sie unbedingt in allen Punkten einen tragfähigen Konsens zu erzielen

Wer Konsens anstrebt, setzt sich – und dem Gesprächspartner – ein ehrgeiziges und hohes Ziel. Konsens bedeutet, dass auch im Falle weiter auseinander liegender Meinungen und Absichten schließlich alle Beteiligten das erreichte Ergebnis voll inhaltlich akzeptieren und die daraus entstandenen Konsequenzen zu tragen bereit sind. Deshalb zahlt sich der hohe Aufwand des oft mühsamen und manchmal auch langwierigen Prozesses bis zum Erreichen eines Konsenses letztlich auch wirklich aus, weil in Nachhinein keine störenden und hemmenden Diskussionen über Ergebnis und Aktivitäten mehr einsetzen werden. Anders also, als wenn die Beteiligten nur um des lieben Friedens willen zustimmen oder wenn man sich aus Zeitgründen oder weil andere Aktivitäten wichtiger zu sein scheinen, gar nicht erst die Mühe macht, Konsens zu erreichen.

Manchmal liegt schließlich auch hier wieder die Wahrheit in der Mitte – und die heißt in diesem Fall Kompromiss. Allerdings ist hier nicht der faule Kompromiss gemeint, bei dem Konfliktscheu oder Kuhhandel im Hintergrund mitspielen und der deshalb auch in der Regel nur eine kurze Lebensdauer hat. Kompromiss ist ein vernünftiger Mittelweg, wenn Konsens nicht erzielbar ist oder Konsens nicht nötig ist, weil die Interessen nicht so weit auseinander liegen. Ein Mittelweg, bei dem die Beteiligten sich so weit entgegenkommen, dass sie die eigenen Interessen nur so weit hinten anstellen, wie sie es mit einem guten Gefühl vertreten können. Ein Mittelweg, bei dem alle Beteiligten sich als Gewinner fühlen können.

ein vernünftiger Kompromiss, wenn Konsens nicht erzielbar ist

Gelegentlich kann es auch vorkommen, dass es bezüglich einzelner Punkte weiter auseinander liegende Wahrnehmungen, Einschätzungen oder Vorstellungen gibt. In diesem Fall könnte selbstverständlich ein einzelner Punkt zunächst einmal offen bleiben und zunächst vertagt werden. In zeitlichem Abstand nach beiderseitigem Nachdenken und ggf. einer nochmaligen Analyse werden die Punkte abschließend wieder aufgegriffen und mit neuen Fakten und Sichtweisen weiter diskutiert.

2.4 Die 12 Kerninhalte für den eiligen Leser

Sie haben es eilig und brauchen keine detaillierten Ausführungen? Dann kann es ausreichend sein, wenn Sie sich anhand der folgenden Checklisten vorbereiten. Wenn Sie mehr Informationen zu einzelnen Themenbereichen benötigen, finden Sie alles in detaillierter Form im nächsten Kapitel.

1. Ihr Aufgaben- und Verantwortungsbereich
- Was waren die Ziele der Gruppe/Abteilung insgesamt?
- Was waren konkret die eigenen Ziele?
- Welche Priorität hatten unterschiedliche Ziele?
- Inwieweit gibt es Zielkonflikte?
- Welche Aktivitäten waren vereinbart/vorgegeben?

2. Die Arbeitsergebnisse
- Welche messbaren Ergebnisse gibt es?
- Inwieweit wurden die wichtigen Ziele erreicht?
- Welche neuen Aufgaben oder Ziele sind neu hinzugekommen?
- Inwieweit haben Sie diese neuen Ziele erreichen können?
- Welche zusätzlichen Erfolge haben Sie bewirkt?

3. Die Zufriedenheit mit den Aufgaben
- Entsprechen die Aufgaben den Erwartungen und Absprachen?
- Können Sie Ihre Fähigkeiten entsprechend ein- und umsetzen?
- Stimmt die Relation zwischen A-, B- und C-Aufgaben?

- Könnten unproduktive Aufgaben wegfallen?
- Sind die Aufgaben innerhalb des Teams sinnvoll zugeordnet?

4. Die Zufriedenheit mit den Ergebnissen
- Was waren genau die ursprünglich vereinbarten Ziele?
- Waren die Ziele realistisch?
- Welche dieser Ziele wurden erreicht?
- Bei welchen Zielen liegt das Ergebnis höher als geplant?
- Worin liegt die Abweichung begründet?

5. Wesentliche Einflüsse auf die Arbeitsergebnisse
- Wodurch wurden die erreichten Arbeitsergebnisse beeinflusst?
- Welche positiven oder fördernden Einflüsse gab es?
- Inwieweit konnte ich selbst Einfluss nehmen?
- Bei welchen Einflüssen gab es keine Einwirkungsmöglichkeit?
- Wie haben sich die Einflüsse konkret auf die Ziele ausgewirkt?

6. Die gegebene Fachkompetenz
- Welche Anforderungen in fachlicher Hinsicht sind gegeben?
- Inwieweit entspricht Ihre Fachkompetenz den Anforderungen?
- Welche Qualifikationen müssen Sie noch erwerben, um den aktuellen Anforderungen gerecht zu werden?
- Welche Qualifikationen wollen Sie noch erwerben, um künftigen Anforderungen gerecht zu werden?
- Wo liegt Ihr Interesse in Bezug auf künftige Anforderungen?

7. Ihre persönliche und soziale Kompetenz
- Welche persönlichen Kompetenzen sind primär gefordert?
- Welche sozialen Kompetenzen sind hauptsächlich gefordert?
- Welche dieser Kompetenzen sind ausreichend ausgeprägt?
- Welche dieser Kompetenzen wollen Sie weiterentwickeln?
- Welche Änderungen Ihres Verhaltens streben Sie an?

8. Ihre Führungskompetenz (nur für Führungskräfte)
- Wie nehmen Sie Ihre Führungsaufgaben wahr?
- Zielsetzung, Planung, Entscheidung
- Kontrolle, Anerkennung, Kritik
- Information und Kommunikation
- Zusammenarbeit fördern, Teambildung
- Mitarbeiterförderung und -entwicklung

9. Ihre persönlichen Ziele
- Wo möchten Sie künftig Schwerpunkte setzen?
- Von welchen Aufgaben möchten Sie sich lösen?
- Welche Verbesserungen möchten Sie realisieren?
- Welche Aufgaben streben Sie künftig an?
- Was sind Ihre längerfristigen beruflichen Vorstellungen?

10a. Die Qualität der Führung
- Wie nimmt Ihr Vorgesetzter seine Führungsaufgaben wahr?
- Zielsetzung, Planung, Entscheidung
- Kontrolle, Anerkennung, Kritik
- Information und Kommunikation
- Zusammenarbeit fördern, Teambildung
- Mitarbeiterförderung und -entwicklung

10b. Die Qualität der Zusammenarbeit
- Wie ist die Auslastung innerhalb des Teams?
- Wie gut sind Abläufe und Prozesse und Qualitätsstandards?
- Wie bewerten Sie die interne Kommunikation?
- Wie bewerten Sie Vereinbarungen und deren Einhaltung?
- Wie gut ist die Kooperation im Team?

11. Zielvereinbarungen/Messkriterien/Erfolgskontrolle
- Welches sind die wichtigsten Ziele für das folgende Jahr?
- Welche Projektziele gibt es darüber hinaus?
- Welche Rahmenbedingungen sind zu berücksichtigen?
- Welche Messkriterien und Kontrollen sind vereinbart?
- Welche Entwicklungsziele sind vereinbart?

12. Eventuell notwendige flankierende Maßnahmen

- Welche Entwicklungsmaßnahmen sind notwendig?
- Welche Projekte können die Weiterentwicklung fördern?
- Welche künftige Verwendung zeichnet sich ab?
- Welche eigenen Aktivitäten werden Sie entwickeln?
- Welche Unterstützung soll Ihr Vorgesetzter geben?

2.5 Die 12 Kerninhalte für den gründlichen Leser

Sie wollen sich optimal auf das Gespräch vorbereiten und haben sich bisher noch nicht sehr detailliert mit dieser Thematik befasst. Dann finden Sie auf den folgenden Seiten dazu ausführliche Informationen und Anleitungen.

1. Ihr Aufgaben- und Verantwortungsbereich, Ihre Ziele

Der Konsens über die Aufgaben und Tätigkeiten, die damit verbundene Verantwortung und die zu erreichenden Ziele schafft die Grundlage für das Gespräch.

Hier geht es zunächst lediglich um eine neutrale Bestandsaufnahme zu Ihrem Aufgaben- und Tätigkeitsbereich, der damit verbundenen Verantwortung und zu den Zielen. Die ebenso wichtige Einschätzung, ob Sie oder Ihr Vorgesetzter mit diesen Gegebenheiten wirklich zufrieden sind, erfolgt erst in den Schritten 3 und 4.

1a. Was sind Ihre Aufgaben und Tätigkeiten?

Ist Ihre Stellenbeschreibung aktuell?

In vielen Unternehmen – zumindest in größeren Unternehmen – sind diese Punkte wenigstens als generelle Beschreibung schriftlich in der Aufgaben- oder Tätigkeitsbeschreibung festgehalten. Allerdings ändern sich gerade in heutigen Zeiten Aufgaben und Tätigkeiten schneller und dynamischer als früher. Ein Blick in diese Quellen gibt Ihnen Klarheit, ob diese Unterlagen überhaupt noch aktuell sind oder ob sie überarbeitet werden müssten.

Machen Sie sich darüber hinaus Gedanken, was Ihre eigentlichen Hauptaufgaben sind, welche Tätigkeiten Sie insgesamt ausüben und wie die Tätigkeiten in ihrer Bedeutung und ihrem zeitlichen Aufwand gewichtet sind — beispielsweise, wie groß der Anteil an wichtigen Aufgaben in Relation zu weniger wichtigen Routinetätigkeiten ist.

Checkliste Aufgabenstruktur

Ermitteln Sie Ihre Aufgabenstruktur

Schätzen Sie den Prozentsatz, den die nachfolgenden Aufgabentypen an Ihrem täglichen Arbeitspensum haben. Vier Kategorien stehen zur Auswahl:

Planung und Strategie

Unter Planung und Strategie fallen alle die Aufgaben, in denen Sie sich über künftige Aktivitäten Gedanken machen, wann, mit welchem Zeit- und Ressourcenaufwand und in welcher Qualität diese Aktivitäten zu erledigen sind. Jahresplanung, Tagesplanung und Projektplanung gehören genauso dazu wie beispielsweise die Vorbereitung von wichtigen Besprechungen und Verhandlungen.

Für einen Vertriebsmitarbeiter ist das beispielsweise das Durcharbeiten seiner Kundenkartei, um Art und Frequenz von Kontakten im folgenden Jahr festzulegen. Für eine Führungskraft zum Beispiel das Erstellen einer Weiterbildungsplanung für die eigene Abteilung.

Kernaufgaben

Als Kernaufgaben sind die Aufgaben anzusehen, mit denen Sie den wesentlichen Beitrag zu Erfüllung der wichtigsten Ziele leisten, die Aufgaben, mit denen Sie überproportional viel bewirken können. Nach dem Pareto-Prinzip wären diese Aufgaben die 20 Prozent Ihrer Arbeit, mit denen Sie 80 Prozent zum Ergebnis beitragen.

Ein Mitarbeiter im Vertrieb würde hier im engsten Sinne die aktive Verkaufszeit beim Kunden berücksichtigen; eine Führungskraft beispielsweise müsste Zielvereinbarungsgesprächen mit ihren Mitarbeitern hohe Priorität einräumen.

Routinetätigkeiten und Administration

Als Routinetätigkeiten und Administration werden die Aufgaben angesehen, die notwendig sind, die sich aus den

Kernaufgaben direkt ergeben oder von Vorgesetzten zur Entlastung an Mitarbeiter delegiert werden. Aufgaben die als solche unerlässlich sind oder scheinen.

Zu den administrativen Aufgaben eines Mitarbeiters im Vertrieb gehört beispielsweise das Führen und die Pflege einer Kundenkartei, Dokumentation von Verhandlungsergebnissen, Ablage von Auftragskopien etc.; bei einer Führungskraft zählt dazu beispielsweise das Abzeichnen der Fehlzeitenstatistik, das Diktieren von Tagespost, die Durchsicht von hausinternen Rundschreiben, das Lesen oder Überfliegen von Fachzeitschriften.

Unproduktive und artfremde Aufgaben

Als unproduktiv und artfremd gelten alle die Aufgaben, die zunächst nicht eindeutig in Ihr Aufgabengebiet gehören oder Aufgaben, bei denen sich im Nachhinein herausstellt, dass sie unnötigerweise oder mit unnötig hohem Aufwand oder mit falscher Zielrichtung gemacht wurden. Hier ist durchaus sowohl eine selbstkritische Betrachtung als auch eine kritische Betrachtung der von außen initiierten Arbeiten notwendig.

Ein Vertriebsmitarbeiter stellt beispielsweise fest, dass eine von ihm »per Hand« angefertigte Statistik auch aus der EDV hätte entwickelt werden können oder er stellt fest, dass er statt eines Besuches beim 100 km entfernten Kunden das Thema auch hätte telefonisch klären können. Ein Vorgesetzter stellt fest, dass er eine vorbereitete Präsentation nicht einsetzen kann, weil für seinen Auftritt bei einer Vorstandstagung entgegen der Vorgaben doch nur noch wenige Minuten übrig bleiben.

Versuchen Sie nun, anhand der obigen Beispiele eine Einschätzung für Ihren Verantwortungsbereich zu entwickeln:

Planung und Strategie:	________ %
Kernaufgaben – A-Prioritäten:	________ %
Routinetätigkeiten, Administration:	________ %
Unproduktives, Unnötiges, Artfremdes:	________ %

Vielleicht geht es Ihnen an dieser Stelle so, wie es Seminarteilnehmern in Seminaren zum Thema Zeitmanagment oft geht, wenn Sie sich in dem obigen Raster sich mit einigermaßen zutreffenden Prozentwerten festzulegen versuchen. Wenn es Ihnen also schwerfällt, eine verlässliche Schätzung abzugeben, dann können Sie mit dem folgenden Hilfsformular zu einer neutraleren und konkreteren Einschätzung kommen.

Tages-Kontrollbogen

Beginn	Dauer (Min.)	Tätigkeit	Kontrollfragen				Aufgabentypus				
			1	2	3	4	ST/Pl	Ke	Ad	So	Prio

Kontrollfragen

1 War diese Tätigkeit wirklich notwendig?

2 War die Ausführung wirklich zweckmäßig?

3 War der Zeitaufwand wirklich gerechtfertigt?

4 War der Zeitpunkt wirklich sinnvoll?

Aufgabentypus:

ST/Pl = Strategie, Planung

Ke = Kernaufgaben

Ad = Administration

So = Sonstige Tätigkeiten

Prioritäten (Prio)

A = wichtig und dringend

B = wichtig – weniger dringend

C = dringend – weniger wichtig

1b. Wofür sind Sie definitiv selbst verantwortlich?

Dokumentieren Sie Ihre Verantwortlichkeiten

Klarheit über Verantwortung ist der nächste wichtige Punkt. Je mehr Verantwortung Sie tragen und tragen können, umso attraktiver ist auch Ihre Stelle einzuschätzen. Einerseits ist Verantwortung im Rahmen genereller Delegation grundsätzlich festgelegt und möglicherweise auch in der Aufgabenbeschreibung bereits festgehalten. Andererseits ist die Verantwortung im Rahmen einzelner Aufträge bzw. aufgrund einer fallweisen Delegation auch ein nicht zu unterschätzender Faktor in Ihrem Zielvereinbarungsgespräch. Denn wenn Sie über die generell geregelten Verantwortungen hinaus Kompetenz zeigen, muss das in der abschließenden Gesamtbewertung angemessen berücksichtigt werden. Stellen Sie also sicher, dass Sie Ihre Verantwortungen in fachlicher, geschäftlicher und personeller Hinsicht vollständig dokumentieren können.

1c. Was konkret sind die bisherigen Ziele gewesen?

Soweit es bisher schon Ziele oder Zielvereinbarungen gegeben hatte, sind diese ein weiterer wichtiger Ausgangspunkt: Was konkret sollte zu welchem Zeitpunkt erreicht sein? – Was genau waren die vereinbarten Ziele? Im Normalfall sollte es dazu auch eine Aufzeichnung oder eine kurze Notiz zum letzten Zielvereinbarungsgespräch geben, die Sie in Ihre Überlegungen mit einbeziehen müssen. Soweit es keine schriftliche Festlegung gegeben hat, sind Sie gut beraten, wenn Sie die Ziele selbst so formulieren, wie Sie die Zielvereinbarungen aus Ihrer Sicht verstanden haben.

Bestandsaufnahme und Bewertung voneinander trennen

Vorsorglich noch einmal der Hinweis: Auch wenn es schwer fällt, ist es unbedingt notwendig, Bestandsaufnahme und Bewertung voneinander zu trennen. Hier ist zunächst die neutrale Zusammenstellung aller Fakten in Bezug auf Aufgaben- und Tätigkeitsbereich, Verantwortung und den definierten Zielen gefragt.

Checkliste

- Was waren die Ziele der Gruppe/Abteilung insgesamt?
- Was waren die eigenen Ziele konkret?
- Welche Priorität hatten unterschiedliche Ziele?
- Inwieweit gibt es Zielkonflikte?
- Welche Aktivitäten waren vereinbart/vorgegeben?

2. Die Arbeitsergebnisse

Wichtig sind wertfreie und möglichst klar definierte Kriterien

Was sind die konkreten Ergebnisse Ihrer Arbeit – was genau sind die Resultate und was haben sie bewirkt? Wichtig ist es hierbei, mit möglichst klar definierten Kriterien als Maßstab in das Gespräch zu gehen: qualitative Kriterien wie Güte, Bedeutung, Richtigkeit, Fehlerquote und quantitative Kriterien, wie zum Beispiel die Menge, Geschwindigkeit, Termineinhaltung und Ähnliches. Auch in der Reflexion der Arbeitsergebnisse geht es zunächst um eine bewertungsfreie Sammlung aller Zahlen, Daten und Fakten, die Arbeitsergebnisse messbar und nachvollziehbar machen.

Zu den aktuellen Informationen können auch Daten früherer Jahre gehören. Dies beispielsweise dann, wenn es gravierende Schwankungen gegeben hat, deren Berücksichtigung für die Bewertung des Erfolgs wichtig ist.

Nutzen Sie die Überzeugungskraft von bildhaften Darstellungen

Ein Bild sagt mehr als tausend Worte – nutzen Sie die Überzeugungskraft von bildhaften Darstellungen. Einerseits ist es wichtig, dass die erreichten Ziele so weit wie möglich in Form von Zahlen und Daten nachweisbar sind. Andererseits können Sie sich bestimmt vorstellen, dass sich Zahlenkolonnen oder gar Zahlenfriedhöfe nicht sonderlich gut »verkaufen« lassen. Wenn Sie sich also ersparen wollen, in unnötig zeitraubenden Diskussionen die Zahlen argumentativ vertreten zu müssen, dann sind Sie gut beraten, wenn Sie Ihre Daten durch das Erstellen von aussagefähigen Grafiken untermauern können.

Checkliste

- Welche messbaren Ergebnisse gibt es?
- Inwieweit wurden die wichtigen Ziele erreicht?
- Wie ist Ihr persönlicher Anteil an der Gesamtzielerreichung?
- Welche neuen Aufgaben oder Ziele sind hinzugekommen?
- Inwieweit haben Sie diese neuen Ziele erreichen können?
- Welche zusätzlichen Erfolge haben Sie bewirkt?

3. Die Zufriedenheit mit den Aufgaben

Während es unter Punkt 1 um eine neutrale Zusammenstellung der Aufgaben ging, geht es nun um eine differenzierte und aussagefähige Bewertung, wie zufrieden Sie mit den Ihnen übertragenen Aufgaben an sich sind.

Die folgende ausführliche Checkliste spricht für sich und sollte auch ohne ergänzenden Text eine ausreichende Hilfestellung sein.

Checkliste

- Entsprechen die Aufgaben Ihren Erwartungen oder auch früheren Absprachen?
- Haben Sie wirklich die notwendigen Befugnisse und Freiräume, die Voraussetzung für die richtige und vor allem effiziente Aufgabenerfüllung sind?
- Können Sie in den Aufgaben Ihre Fähigkeiten und Kenntnisse entsprechend ein- und umsetzen?
- Wie bewerten Sie die Relationen zwischen den eigentlichen Kernaufgaben und den administrativen Tätigkeiten?
- Haben Sie möglicherweise zu viel an administrativen Aufgaben zu erledigen?
- Könnten einzelne Aufgaben aus Ihrer Sicht rationeller erledigt werden?
- Ist die Vorgabe und damit verbunden der Aufwand für einzelne Aufgaben mit Blick auf den Wert der Tätigkeit zu hoch angesetzt?
- Lässt sich die Qualität reduzieren, ohne die Zielerreichung zu gefährden?
- Gibt es Aufgaben, die wegfallen könnten, ohne die Gesamtleistung zu gefährden?
- Sind die Aufgaben innerhalb des Teams sinnvoll zugeordnet?
- Sind die Aufgaben so gestaltet, dass Sie diese auch selbst abschließend bearbeiten und damit auch Erfolgserlebnisse haben können?

4. Die Zufriedenheit mit den Ergebnissen

Eine neutrale Bewertung ist generell problematisch

Ergebnisse objektiv zu bewerten ist mit Sicherheit eine besondere Herausforderung; Konfliktpotenzial durch unterschiedliche Interessen und Sichtweisen ist da durchaus vorgezeichnet. Aus Sicht des Unternehmens wäre es sicher immer wünschenswert, wenn mehr herauskommen würde. Aus Mitarbeitersicht ist es ebenfalls nicht einfach, eine neutrale Einschätzung vorzunehmen, inwieweit das Erreichte als Erfolg gewürdigt werden kann.

Die Bewertung der Ergebnisse hängt natürlich auch mit der eigenen Persönlichkeitsstruktur zusammen: Wer tendenziell eher bescheiden und zurückhaltend ist, wird vermutlich in Bezug auf das selbstbewusste Vertreten der eigenen Meinung eher zu vorsichtig sein und sein Licht unnötigerweise »unter den Scheffel stellen«. Understatement und Zurückhaltung schwächen dann die eigene Leistung und damit die eigene Positionierung und die Zukunftsperspektiven deutlich ab.

Selbstsichere und selbstbewusste Menschen andererseits laufen Gefahr, dass sie die eigene Leistung ohne ein gesundes Maß an kritischer Reflexion zu positiv bewerten und sich und ihre Leistungen in unangemessener und überzogener Weise darstellen. Wer sich auf diesem Weg als unsachlich oder gar als Aufschneider präsentiert, tut damit weder sich noch der Sache einen Dienst.

Vergleichen Sie Ihre Ergebnisse mit denen anderer Kollegen

Der Neutralität kommt man auch dann näher, wenn man seine Ergebnisse mit denen von anderen Kollegen vergleicht, soweit diese gleiche oder zumindest ähnliche Ziele unter ähnlichen Voraussetzungen verfolgt haben. Als Vergleichsmaßstab sollten Sie eher Durchschnittszahlen bzw. die Durchschnittsleistung nehmen. Mit der Maximalleistung als Messlatte ist die Gefahr der Überforderung verbunden – wer sich mit den »schlechtesten« vergleicht, positioniert sich ungünstig.

Checkliste

Geklärt sein sollten Fragestellungen wie

- Was genau waren die ursprünglich vereinbarten Ziele?
- Waren die Ziele im Nachhinein betrachtet realistisch – waren sie zu ambitioniert oder zu vorsichtig angesetzt?

- Welche dieser Ziele wurden erreicht?
- Welche besonderen Aktivitäten waren notwendig, um schwierige Ziele doch noch zu erreichen?
- Bei welchen Zielen liegt das Ergebnis höher als geplant?
- Worin liegt die Abweichung begründet – wie sollten zukünftige Ziele dann formuliert sein?
- Welche Ziele wurden verfehlt?
- Worin sind die Abweichungen begründet?

5. Wesentliche Einflüsse auf die Arbeitsergebnisse

Haben sich die Rahmenbedingungen im Zeitraum der Zielverfolgung geändert?

Jede Zielvereinbarung erfolgt zunächst vor der Hintergrund der Annahme, dass sich die Rahmenbedingungen im Zeitraum der Zielverfolgung über bekannte Trends und Entwicklungen hinaus nicht nachhaltig verändern werden. Wenn sich jedoch innerhalb dieses Zeitraumes unerwartete Änderungen ergeben, die sich dann auch auf die Ergebnisse merklich auswirken, dann müssen diese Einflüsse im Zielvereinbarungsgespräche ebenfalls berücksichtigt werden.

Hätten Sie die Rahmenbedingungen positiv beinflussen können?

Wenn entsprechende negative oder kritische Einflüsse die Zielerreichung ganz oder teilweise unmöglich gemacht haben, muss das natürlich berücksichtigt werden. Wichtig ist dann natürlich auch die Frage, was der Mitarbeiter unternommen hat, sobald die Änderung der Rahmenbedingungen bekannt wurden. Ein wichtiger Aspekt ist für Ihre Vorbereitung in diesem Zusammenhang natürlich auch die ehrliche und selbstkritische Frage, inwieweit Sie als Mitarbeiter selbst in der Lage waren oder gewesen wären, die Rahmenbedingungen selbst zu verändern oder zumindest frühzeitig auf die Veränderung der Rahmenbedingungen aufmerksam zu machen und an höherer Stelle entsprechende Reaktionen zu initiieren. Dann ist es wichtig, nachweisen zu können, dass man in Eigenintiative oder in Abstimmung mit dem Vorgesetzten die Ziele rechtzeitig modifiziert hat.

Praxisbeispiel

Bei einem Automobilimporteur ist im Rahmen von Zielvereinbarungen vereinbart worden, dass bei einer bestimmten Anzahl von Händlerbetrieben in einem bestimm-

ten Zeitraum ein neues Corporate Design umgesetzt werden soll. Aufgrund der finanziellen Situation der im Ausland domizilierenden Muttergesellschaft werden jedoch ein Vierteljahr später die hierfür vorgesehenen Budgets radikal gekürzt. Nachdem die Händler nur bei angemessener finanzieller Beteiligung bereit waren, Geld für das neue CD zu investieren, sind die Ziele unerreichbar geworden. Die Mitarbeiter schlagen ihrem Vorgesetzten nun vor, statt das neue Corporate Design einzuführen die entstandenen zeitlichen Freiräume zu nutzen, um die Rentabilität der Händerbetriebe zu untersuchen und auf Basis der Untersuchungsergebnisse den Händlern Möglichkeiten zur Verbesserung ihrer Ertragslage aufzuzeigen. Der Vorgesetzte lässt sich überzeugen – die Händler nehmen das Angebot dankbar an und die Marktstellung des Unternehmens wird gefestigt.

Eine positive Veränderung der Rahmenbedingungen

Einflüsse auf die Ergebnisse können allerdings für die Zielerreichung auch im Sinne eines Rückenwindes hilfreich und fördernd sein und dazu beitragen, dass die angepeilten Ziele deutlich übertroffen werden können. Dann ist natürlich auch die Erwartung der Vorgesetzten nachvollziehbar und legitim, dass die fördernden Einflüsse erkannt und positiv genutzt wurden und dass dadurch auch die entsprechenden höheren Ergebnisse realisiert werden konnten.

Praxisbeispiel

Für die Einführung eines neuen EDV-Programms hat die zuständige Abteilung einen Zeitraum von einem halben Jahr geplant. Entgegen den Erwartungen wird die Abteilung personell um zwei qualifizierte Mitarbeiter aufgestockt. Dieser Umstand wird genutzt, um das Programm bereits 2 Monate vor der Zielsetzung fertig einzuführen.

Checkliste

Zu den folgenden Fragen sollten Sie sich vor dem Gespräch Klarheit verschaffen:

- Wodurch wurden die erreichten Arbeitsergebnisse beeinflusst?
- Welche positiven oder fördernden Einflüsse gab es?
- Inwieweit konnten Sie selbst Einfluss nehmen?

- Was war das Ergebnis der entsprechenden Bemühungen?
- Bei welchen Einflüssen gab es keine Einwirkungsmöglichkeit?
- Wie haben sich die Einflüsse konkret auf die Ziele ausgewirkt?

6. Die gegebene Fachkompetenz

Sind sie fachlich immer auf aktuellem Stand?

Wie gut Sie Ihre Aufgaben erfüllen können, hängt entscheidend von Ihrer fachlichen Kompetenz ab. Über die in der Ausbildung, in der praktischen Arbeit gewonnenen Erfahrungen und das in Fortbildungsmaßnahmen Gelernte hinaus ist es natürlich für Sie persönlich ein entscheidender Wettbewerbsfaktor, dass Sie fachlich immer auf dem aktuellen Stand bleiben und sich auch frühzeitig auf neue Anforderungen einstellen und natürlich auch bereit sind, sich proaktiv um die ständige Verbesserung Ihrer Qualifikation zu kümmern. Wichtig in Bezug auf Fachkompetenz ist es auch, dass Sie grundlegendes Know-how über angrenzende Arbeitsgebiete haben. So können Sie beispielsweise vertretungsweise für Kollegen einspringen und damit flexibler einsetzbar sein, was Ihr Image positiv unterstützen kann.

Checkliste

Klären Sie also vor dem Gespräch die folgenden Fragen:

- Welche Anforderungen in fachlicher Hinsicht sind gegeben?
- Welche Anforderungen an die fachliche Kompetenz werden künftig gegeben sein?
- Inwieweit entspricht Ihre Fachkompetenz bereits jetzt den Anforderungen?
- Welche Qualifikationen müssen Sie noch erwerben, um den aktuellen Anforderungen gerecht zu werden?
- Welche Qualifikationen wollen Sie noch erwerben, um in angrenzenden Arbeitsgebieten einsetzbar zu sein?
- Welche Qualifikation möchten Sie erwerben, um höherwertige Aufgaben übernehmen zu können?

- Welche Qualifikationen wollen Sie noch erwerben, um künftigen Anforderungen gerecht zu werden?
- Wo sind Ihre besonderen Kenntnisse und Fertigkeiten?
- Inwieweit können Sie diese bereits in Ihrer Arbeit umsetzen?
- Welche Zusatzqualifikation möchten Sie noch erwerben?
- Wo liegen Ihre Neigungen in Bezug auf künftige Anforderungen?

7. Ihre persönliche und soziale Kompetenz

Mit der Einschätzung der persönlichen und sozialen Kompetenz betreten Sie nun ein Gebiet, in dem es besonders wichtig ist, sich der Gefahr von Subjektivität und Verallgemeinerung bewusst zu sein, um

- zu einer neutralen und treffsicheren Einschätzung der eigenen Person in Bezug auf die gestellten Anforderungen zu kommen und
- um mit Ihrem Vorgesetzten in Bezug auf Ihre Persönlichkeitsmerkmale zu einer übereinstimmenden Bewertung zu gelangen.

So genannte »weiche« Faktoren werden zunehmend wichtiger

Wenngleich in vielen Unternehmen die fachliche Kompetenz noch deutlich höher gewertet wird als die persönliche und soziale Kompetenz, geht der Trend jedoch eindeutig in die Richtung, dass das Augenmerk sich zunehmend auf diese weichen Faktoren richtet.

Die in Unternehmen zu leistenden Aufgaben stellen sowohl von der Menge her als auch von der zu leistenden Qualität und Geschwindigkeit in der Regel deutlich höhere Anforderungen an die Mitarbeiter. Dadurch werden ganz bestimmte persönliche Kompetenzen wesentlich stärker gefordert: Selbstsicherheit, Entscheidungsfähigkeit, Meinungsstärke, Frustrationstoleranz, Kritikfähigkeit und Stressstabilität sind einige Beispiele für das, was unter persönlichen Kompetenzen verstanden wird.

Weitere Trends wie zum Beispiel die zunehmende Notwendigkeit, Aufgaben gemeinsam in Teamarbeit zu bewältigen und der Trend zu konsequenter Kundenorientierung mit der Notwendigkeit, sich optimal auf Kunden und deren Wünsche einstellen zu können, beispielsweise zeigen, dass auch soziale Kompetenzen zunehmend zum persönlichen Erfolgsfaktor werden. Soziale Kompetenz könnte vereinfacht definiert werden als »die Fähigkeit, mit anderen Menschen in unterschiedlichen Situationen sowohl zielorientiert als auch im Rahmen einer konstruktiven persönlichen Beziehung zurechtzukommen«.

Soziale Kompetenzen werden zunehmend zum persönlichen Erfolgsfaktor

Bei der Einschätzung der persönlichen und sozialen Kompetenzen geht es im Zielvereinbarungsgespräch allerdings ausschließlich um die Kompetenzen, die sich aus den Anforderungen der Aufgabe ergeben. Die erste Fragestellung muss also lauten: Was sind die Anforderungen aus meiner Aufgabenstellung heraus?

Welche sozialen und persönlichen Kompetenzen erfordert Ihre Aufgabenstellung?

An einen Sachbearbeiter ohne Kundenkontakt, dessen Hauptaufgabe in der Aufbereitung von Daten nach vorgegebenen Schemata liegt, ist in Bezug auf Kreativität naturgemäß weniger gefordert als beispielsweise in Bezug auf einen Mitarbeiter in der PR-Abteilung, dessen Aufgabe es ist, innovative Konzepte für eine wirkungsvollere Pressearbeit zu entwickeln.

Ein praxisnahes Schema zur Einschätzung persönlicher und sozialer Kompetenzen

In vielen Unternehmen werden Formulare für Zielvereinbarungsgespräche eingesetzt, die teilweise auch bereits Kriterien für die Einschätzung der persönlichen und sozialen Kompetenzen beinhalten.

Wenn Sie sich also in einem bereits vorhandenen Schema positionieren sollen, dann achten Sie vor allem darauf, dass die Kriterien

- eindeutig definierbar bzw. definiert sind,
- den Anforderungen entsprechen, die sich aus Ihrer Aufgabe ergeben oder
- durch einen Anforderungsgrad ausgedrückt wird, in wie weit dieses Kriterium für Ihre Aufgaben wichtig ist.

Die Bewertung findet im Rahmen dieser Systeme oft derart statt, dass zu den definierten Kriterien eines bestimmten

individueller Ausprägungsgrad

Anforderungsprofils jeweils ein individueller Ausprägungsgrad festzulegen ist — je höher dieser Ausprägungsgrad, desto besser die Bewertung.

So würde beispielsweise die Einschätzung eines Mitarbeiters, der in seiner Aufgabe recht hohen Belastungen ausgesetzt ist, sich aber den Belastungen noch nicht ganz gewachsen fühlt, etwa folgendermaßen aussehen:

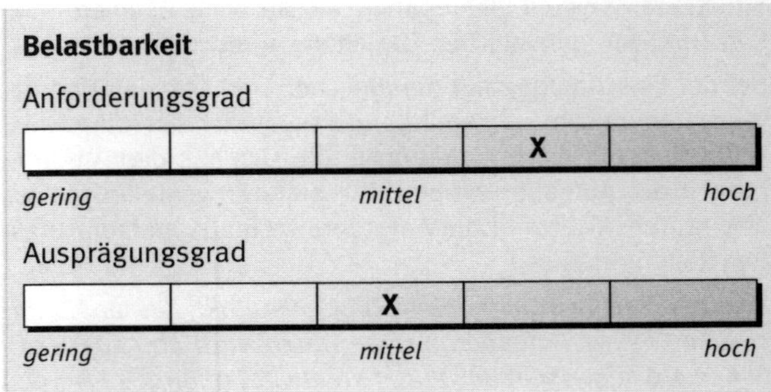

Sofern es in Ihrem Unternehmen keine festgelegten Raster bzw. Kriterien gibt, haben Sie die Möglichkeit, durch das im Folgenden beschriebene System eine Einschätzungshilfe zu bekommen. Das System ist bereits in vielen Unternehmen eingeführt und evaluiert worden – und hat sich aufgrund der Evaluierungen und aufgrund der Rückmeldungen in vielen Trainingseinheiten eindeutig die Prädikate »praxisnah«, »leicht anwendbar« und »konfliktarm« erworben.

sich jeweils polar gegenüberstehende Eigenschaften oder Verhaltenstendenzen

Dieses Einschätzungssystem basiert auf der Feststellung, dass es jeweils zwei Eigenschaften oder Verhaltenstendenzen gibt, die sich in Form einer Polarität gegenüberstehen und jeweils das Gegenteil der anderen Seite beschreiben. Zugegeben, so klingt das noch ein wenig theoretisch und auch kompliziert.

Deshalb soll das folgende Beispiel weiterhelfen:

Sicher kennen Sie Menschen, die man meist mit freundlicher Miene antrifft; sie sind tendenziell eher gut gelaunt, lassen sich nicht leicht provozieren und gewinnen dem Leben die guten Seiten ab. Andere Menschen dagegen erlebt man eher ernst und zurückhaltend, sie wirken unnahbar und nehmen viele Situationen als schwierig und problematisch wahr.

Wenn Sie selbst sich eher zu den lebensfrohen Menschen zählen, dann werden Sie den ernster veranlagten Zeitgenossen vielleicht nicht so viel abgewinnen können und sie eher negativ – beispielsweise als schwierig – einstufen. Gehören Sie dagegen zu den ernsten Menschen, ist Ihnen vielleicht das Verhalten der immer gut gelaunten Menschen suspekt und sie sind geneigt, deren Verhalten eher skeptisch und negativ zu beurteilen.

Das Polaritätsprinzip sieht jede Eigenschaft zunächst positiv

Der entscheidende Punkt des Polaritätsprinzips ist jedoch der Grundgedanke, dass jede Eigenschaft zunächst positiv ist – gewissermaßen vergleichbar mit einer Medaille, die zwei Seiten hat, ohne dass eine besser als die andere wäre – sie sind nur eben unterschiedlich. Es geht also hier im Gegensatz zu vielen Einschätzungssystemen nicht um »gut« oder »schlecht«, sondern lediglich um ein »entweder – oder«. Es geht um die Frage, welche Seite der Medaille in Bezug auf die unterschiedlichen Polaritäten ein Mensch jeweils individuell für sich besetzt hat.

Als Polarität dargestellt sehen die im obigen Beispiel angeführten Verhaltensdispositionen etwa so aus:

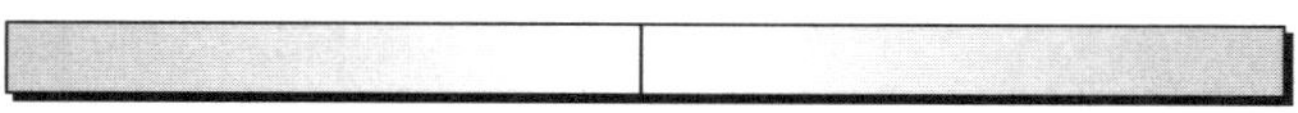

freundlich *ernst*

Nun muss man allerdings noch der Tatsache Rechnung tragen, dass es zwischen diesen beiden Polaritäten noch feine Abstufungen gibt. Deshalb ist die folgende Darstellung besser geeignet, um persönliche und soziale Kompentenzen einschätzbar und beurteilbar zu machen. Diese Darstellung berücksicht links und rechts jeweils die extreme Form der in Frage stehenden Verhaltensausprägung – dazwischen liegen die Orientierungspunkte »markant«, »deutlich« und »leicht« – jeweils eher in die eine oder in die andere Richtung.

extrem	markant	deutlich	leicht	leicht	deutlich	markant	extrem

freundlich *ernst*

Dieses neutrale Beispiel ist zum besseren Verständnis des Modells gedacht. Die folgende Aufstellung gibt häufig verwendete relevante Kriterien wieder.

Ermitteln Sie Ihre persönlichen und sozialen Kompetenzen

Wenn Sie in der Gesprächsvorbereitung dieses Modell bzw. die für Sie persönlich relevanten Polaritäten als Grundlage für das Gespräch über persönliche und soziale Kompetenz einsetzen, können Sie damit

- eine strukturierte Selbsteinschätzung vornehmen,
- ein Anforderungsprofil skizzieren,
- persönliche Entwicklungswege konkretisieren.

Wenn Sie das Modell im Zielvereinbarungsgespräch einsetzen, dann erreichen Sie damit

- eine gemeinsame verständliche Gesprächsgrundlage,
- leichtere Diskussion durch die grafische Darstellungsform,
- schnellen Konsens über die Einschätzungskriterien,
- Transparenz über die an Sie gestellten Anforderungen,
- Transparenz über die Einschätzung aus Sicht Ihres Vorgesetzten,
- Klarheit über Entwicklungswege und Entwicklungsnotwendigkeiten.

Zunächst das Modell im Überblick. Diese Darstellung beschränkt sich auf die maßgeblichen Verhaltensdispositionen und die Kriterien ihrer jeweiligen Ausprägung. Erfahrungsgemäß fällt es schon auf Basis dieser Übersicht relativ leicht, eine Einschätzung vorzunehmen.

Wenn Sie in Bezug auf einzelne Kriterien – oder auch generell – noch gründlicher vorgehen möchten, dann können Sie nach dieser Übersicht eine ausführliche Darstellung der Kriterien mit einer differenzierten Beschreibung der jeweiligen Polaritäten studieren.

Am besten gehen Sie nun so vor, dass Sie zunächst mit je einem Kreuz pro Polaritätssystem den Punkt markieren, an dem Sie sich in Bezug auf Ihre Arbeitssituation selbst sehen.

Im nächsten Schritt markieren Sie mit einem A (für Anforderung) das Sollprofil.

extrem	markant	deutlich	leicht	leicht	deutlich	markant	extrem

1. Innere Beteiligung

engagiert, identifiziert — *distanziert, souverän*

2. Selbsteinschätzung

selbstsicher, Ich-stark — *selbstkritisch, einsichtig*

3. Auftreten

zurückhaltend, bescheiden — *sicher, herausragend*

4. Auffassungsgabe

bedächtig, reflektierend — *geistig beweglich, schnell*

5. Beweglichkeit

flexibel, beweglich — *stetig, geradlinig*

6. Verantwortungsbewusstsein

gewissenhaft, verantwortungsbewusst — *unbekümmert, sorglos*

7. Problemlösungsverhalten

praktisch, pragmatisch — *kreativ, unkonventionell*

8. Lernwilligkeit

lernbereit, wissensdurstig — *erfahren, abgeklärt*

9. Entscheidungsfindung

analytisch, gründlich — *spontan, gefühlsmäßig*

10. Kreativität

ideenreich, einfallsreich — *konventionell, rational*

11. Arbeitsverhalten

strukturiert, planvoll — *flexibel, variabel*

12. Konfliktverarbeitung

belastbar, robust — *empfindsam, sensibel*

13. Zusammenarbeit

sebstständig, eigenständig — *teamfähig, kooperativ*

14. Kommunikationsfähigkeit

schweigsam, still — *redefreudig, gesprächig*

15. Kompromissbereitschaft

rücksichtsvoll, nachgiebig — *willensstark, durchsetzend*

16. Konfliktverhalten

kritikfreudig, streitbar — *harmonisch, friedlich*

EINSCHÄTZUNGSHILFE ZU DEN EINZELNEN KRITERIEN

Mit den folgenden Beschreibungen der einzelnen Kriterien können Sie sich im Zweifel noch präziser und zutreffender einschätzen. Beschrieben sind jeweils die beiden Polaritäten – den Ausprägungsgrad bestimmen Sie schließlich selbst.

1. INNERE BETEILIGUNG

• *engagiert, identifiziert*

Dieser Mensch setzt sich in den jeweiligen Aufgabenstellungen persönlich voll ein. Es macht sie zu seiner Sache und setzt sich unbeirrt für die Aufgaben ein. In seiner Begeisterung ist ihm kein Opfer zu groß, um die Aufgaben zu bewältigen.

• *souverän, distanziert*

Mit einem gewissen inneren Abstand behält der souveräne Mensch die Dinge im Auge. Er steht über der Sache und lässt sich nicht darin verstricken. Dadurch behält er den Überblick und kann leidenschaftslos handeln.

2. SELBSTEINSCHÄTZUNG

• *selbstsicher, Ich-stark*

Sein ausgeprägtes Selbstvertrauen führt dazu, dass er weiß was er kann, wie es geht und dass er seine Sache gut macht. Er verliert dabei nie seine eigenen Interessen aus dem Auge und spricht oft von »gesundem Egoismus«.

• *selbstkritisch, einsichtig*
Der selbstkritische Mensch weiß, dass es immer auch andere Standpunkte und Erfahrungen gibt, die den Erfolg ermöglichen. Daher scheut er sich auch nicht, seine Sichtweise hintanzustellen und sie gelegentlich auch zu revidieren.

3. Auftreten

• *zurückhaltend, bescheiden*
Er drängt sich niemals auf und betrachtet die Dinge gerne aus der Distanz. Er wartet ab, bis andere auf ihn zugehen. Er weiß, dass man ihm schon sagen wird, wenn man ihn braucht. Dann erledigt er die Dinge selbstverständlich und ohne großes Aufsehen.

• *sicher im Auftreten, herausragend*
Man bemerkt ihn sofort in einer Gruppe von Personen, weil er schnell einen aktiven Part übernimmt. Er weiß, wo es lang geht; andere orientieren sich gern an ihm. Er wird oft und gerne gefragt und stellt mit Freude seine Erfahrung zur Verfügung.

4. Auffassungsgabe

• *bedächtig*
Er hört aufmerksam zu und reflektiert das Gehörte. Zunächst prüft er sorgsam, ob etwas Neues in seine Gedankenmodelle passt. Er weiß es zu schätzen, Gutes zu bewahren und deshalb vergleicht er Neues zunächst einmal mit Bewährtem.

• *geistig beweglich*
»Klar, so geht es auch«, könnte er sagen, denn neue Ideen gefallen ihm schnell. Er hält nicht unnötig an bisherigen Gedanken fest, sondern stellt sich schnell und sicher auf Neues ein und sieht durchaus die Vorteile darin.

5. Beweglichkeit

• *flexibel, beweglich*
Er kann sich auf Situationen und auf Menschen sehr gut einstellen. Mit Überraschungssituationen wird er gut fertig. Er verfügt über ein breites Spektrum an Verhaltensweisen, deshalb fällt es ihm meist leicht, sich auch in neuen Situationen zurechtzufinden und sich angemessen zu verhalten.

• *geradlinig, stetig*
Er ist ein »Charaktermensch« und durchaus »kalkulierbar«. Seine Prinzipien sind durchdacht und bewährt, deshalb sind sie ihm auch wichtig. Gelenkt durch seine Grundsätze handelt er stets geradlinig. Seine Wertvorstellungen sind ihm wichtig, er steht dafür ein und gibt sie nicht ohne Not auf.

6. Verantwortungsbewusstsein

• *verantwortungsbewusst, gewissenhaft*
Der verantwortungsbewusste Mensch weiß, dass die Qualität seines Handelns Auswirkungen auf andere hat. Diese Verantwortung übernimmt er konsequent. Deshalb sorgt er dafür, dass sein Tun einwandfrei ist und keine negativen Konsequenzen für andere haben kann.

• *unbekümmert, sorglos*
Dieser Mensch vertraut sehr stark darauf, dass das, was er tut schon gutgehen wird. Nie wird er anderen bewusst schaden – allerdings weiß er, dass Fehler praktisch unvermeidbar sind. Er vertraut darauf, dass es anderen schon rechtzeitig auffallen wird, wenn etwas »schief läuft«.

7. Problemlösungsverhalten

• *praktisch, pragmatisch*
Probleme stören den geregelten und schnellen Arbeitsablauf, deshalb ist es dem Pragmatiker wichtig, dass die Probleme auf bewährte Weise und schnell gelöst werden. Die Analyse des Problems darf nicht zu viel Zeit kosten – schließlich ist es entscheidend, dass schnell wieder alles reibungslos läuft.

• *kreativ, unkonventionell*
Für diesen Menschen stellt ein Problem eine intellektuelle Herausforderung dar. Er ist überzeugt davon, dass die beste Lösung die ist, die von den bisherigen Erfahrungswerten abhebt und ganz neue und ungewöhnliche Wege zu gehen erfordert.

8. Lernwilligkeit

• *lernwillig/wissensdurstig*
Dieser Mensch hat Interesse an seiner Arbeit und möchte einerseits Hintergründe und Zusammenhänge wissen. Ande-

rerseits blickt er auch nach vorne und möchte sich auch auf künftige Anforderungen gut einstellen können. Deshalb fragt er viel und nutzt jede Gelegenheit, sich weiterzubilden.

- *abgeklärt, erfahren*

Hier könnte die Devise sein »Es wird überall nur mit Wasser gekocht – bisher bin ich mit meinen Erfahrungen auch immer gut zurecht gekommen.« Er setzt zunächst seinen gesunden Menschenverstand ein, um sich auf neue Situationen einzustellen. Mit neuen Inhalten beschäftigt er sich erst dann, wenn er auch konkret weiß, wofür er das neue Wissen einsetzen wird.

9. Entscheidungsfindung

- *analytisch, gründlich*

Seine Entscheidungen sind fundiert, weil sie auf einer sorgfältigen und gründlichen Analyse basieren. Hierbei wird er sowohl die Ausgangssituation als auch das Ziel genau und präzise analysieren, daraus die Problemstellung ableiten und vor der Entscheidung für eine der möglichen Lösungen sich auch mit der Frage nach potenziellen Problemen bei der Umsetzung der Lösungen befasst haben.

- *spontan, gefühlsmäßig*

Er hat ein sicheres Gespür für das richtige Erfassen einer Aufgaben- oder Problemstellung; genauso treffsicher ist er in seinen Entscheidungen. Ohne unnötig langes Analysieren trifft er seine Entscheidungen schnell und sicher. Seinem Gefühl vertraut er mehr als gründlichen Analysemethoden. Schließlich sollen Entscheidungen ja auch zügig und schnell gefällt werden.

10. Kreativität

- *ideenreich*

Dem ideenreichen Menschen fällt immer etwas ein. Er weiß immer einen Weg und hat durchaus eine Vorliebe für das Außergewöhnliche und Unkonventionelle. Probleme sieht er als Herausforderung. Er ist immer wieder bereit, auch erprobte Lösungswege zunächst einmal in Frage zu stellen, um eine andere und bessere Lösungsidee zu entwickeln.

• *konventionell*
Dieser Mensch hat ein Bedürfnis nach Ordnung und Stetigkeit. Er hält sich an gewohnte Denk- und Handlungsmuster und wählt lieber eine nahe liegende Problemlösung als etwas Ausgefallenes. Über so manchen »verrückten Spinner« kann er nur den Kopf schütteln. Warum soll man denn lange über mögliche Ideen nachdenken, wenn es doch schnell nahe liegende und erprobte Lösungsansätze gibt.

11. Arbeitsverhalten

• *strukturiert, planvoll*
Diesem Menschen ist Struktur ein Grundbedürfnis. Sein Arbeitsverhalten ist von planmäßigem Vorgehen gekennzeichnet. Vom Tagesplan bis zur Projektarbeit ist ihm zunächst einmal eine sorgfältige Planung wichtig. Störungen im geplanten Ablauf sind ihm unangenehm und fordern sofort eine neue Planung heraus.

• *flexibel, variabel*
In seiner Art zu arbeiten sind ihm starre Vorgehensweisen fremd. Er legt wenig Wert auf Routinen und sieht jede Aufgabe als neue Herausforderung an. Routinetätigkeiten mag er nicht besonders, weil sie ihm zu wenig Anreiz bieten, seine Flexibilität unter Beweis zu stellen.

12. Konfliktverarbeitung

• *belastbar, robust*
Dieser Mensch ist psychisch stabil und robust gebaut. Kritik an sich kann er sinnvoll verarbeiten; er hat aber auch die Fähigkeit, unsachliche und persönliche Kritik an sich abperlen zu lassen. Von »Schicksalsschlägen« erholt er sich bemerkenswert schnell und gut.

• *empfindsam, sensibel*
Er ist ein feinfühliger Mensch und hat ein sensibles Gespür für sein Umfeld und entsprechende Entwicklungen. Seine Antennen für Störungen und Missstimmungen sind sehr feinfühlig. Er ist ein »stilvoller« Mensch, dem das Grobe nicht liegt. Er bemüht sich, anderen Menschen nicht zu nahe zu treten; Kritik nimmt er leicht persönlich und leidet darunter.

13. Zusammenarbeit

- *selbstständig, eigenständig*

Dieser Mensch weiß, er ist verantwortlich. Das erfordert, dass er sagt, wo es lang geht und dass er die notwendigen Entscheidungen trifft und Weichen stellt, selbst wenn er dadurch in Kritik gerät. Er vertraut seinen Fähigkeiten eher als den Kompetenzen anderer – wenn er etwas tut, ist er sicher, dass es richtig gemacht ist.

- *teamfähig, kooperativ*

Seine feste Überzeugung ist, dass andere auch gute Ideen und oft bessere Ideen haben als er selbst. Der Austausch mit anderen ist ihm wichtig. Gemeinsame Leistung ist immer besser, als die Leistungen des Einzelnen. In der Zusammenarbeit zählt nicht nur die eigene Perspektive, sondern die gemeinsame Sichtweise ist wichtig.

14. Kommunikationsfähigkeit

- *schweigsam, still*

Der eher introvertierte Mensch, der sich gerne bei Gesprächen oder Diskussionen im Hintergrund hält. Er verfolgt das Geschehen gerne als Beobachter, hört aufmerksam zu und bekommt alles Wichtige mit. Durch seine Zuhörfähigkeit kann er schließlich oft die Dinge auf den Punkt bringen und auf Lösungen hinweisen, die den anderen nicht bewusst werden.

- *redefreudig, gesprächig*

Der extrovertierte Mensch, der zu sehr vielen Themen eigene Kommentare oder Meinungen hat und diese auch gerne vertritt. Er bildet sich sehr schnell eine Meinung und stellt diese gerne in den Mittelpunkt. Er überzeugt andere von seiner Meinung mit verbalem Einfallsreichtum und Eloquenz.

15. Kompromissbereitschaft

- *rücksichtsvoll*

Dieser Mensch ist gerne bereit, eigene Anliegen hintanzustellen. Situationen erfordern eben oft, dass er die eigenen Bedürfnisse zumindest für den Moment als nicht so wichtig einstuft. Die Wahrheit liegt ohnehin meist in der Mitte und andere sollte man möglichst wenig vor den Kopf stoßen.

- *willensstark*

Er hat feste Überzeugungen für die er auch bereit ist sich einzusetzten und wenn nötig auch zu kämpfen. Dieser Mensch zeigt kursstabiles Verhalten auch bei Wellen und Gegenwind. Unbeirrbar vertritt er seine Meinung auch dann, wenn andere sie nicht teilen wollen. Er gibt selten auf und bleibt beharrlich in der Verfolgung seiner Überzeugungen.

16. KONFLIKTVERHALTEN

- *kritikfreudig*

Kritik ist für ihn grundsätzlich konstruktiv und notwendig, um das Beste zu erreichen. Wenn es um eine wichtige Sache geht, die behindert oder gestört wird, sagt er sofort seine Meinung, selbst wenn es der andere ungern hört. Das schafft Klarheit und Transparenz, jeder weiß woran er ist und Fehler können sich nicht wiederholen.

- *harmonisch, friedlich*

Diesem Menschen ist eine gutes Klima und ein freundlicher, harmonischer Umgang miteinander wichtig. Kritik ist ein schwieriges Thema, das immer die Gefahr birgt, dass der Umgang miteinander schwierig wird. Deshalb wird er manche Dinge eher akzeptieren als Kritik zu äußern; schließlich lösen sich Probleme manchmal von selbst und wenn, dann auf jeden Fall am besten in einer guten Atmosphäre.

Checkliste

- Welche Anforderungen an die persönliche und soziale Kompetenz stellt Ihre Aufgabe (Anforderungsprofil)?
- Welche dieser Anforderungen erfüllen Sie bereits?
- Auf welche Anforderungen können Sie sich am ehesten besser einstellen?
- Bei welchen Anforderungen ist eine Weiterentwicklung besonders wichtig?
- In welchen Situationen sind diese Anforderungen relevant?
- In welchen Schritten können Sie die Weiterentwicklung initiieren?

8. Ihre Führungskompetenz (nur für Führungskräfte)

Unter Führungskompetenz wird hier die Frage gestellt, inwieweit Sie die Aufgaben einer Führungskraft im engeren Sinn und über Ihre Fachkompetenz hinausgehend wahrnehmen.

Hier geht es einerseits um die inhaltliche Seite des Führens, das heißt das Kennen der klassischen Führungsaufgaben bzw. das Anwenden der jeweils geeigneten Führungsinstrumente.

Hierunter fallen üblicherweise:

Inhalte der Führungskompetenz

- Zielsetzung
- Planung
- Delegation
- Entscheidung
- Kontrolle
- Bestätigung und Anerkennung
- Korrektur und Kritik
- Information und Kommunikation
- Zusammenarbeit fördern, Teambildung
- Mitarbeiterförderung und -entwicklung

Anhand der folgenden Fragestellungen können Sie eine treffsichere Einschätzungen der Umsetzung dieser Kernaufgaben im Einzelnen vornehmen:

Zielsetzung

- Wie klar sind Zielvereinbarungen mit Ihren Mitarbeitern?
- Wie konsequent orientieren sich diese Ziele an den Unternehmenszielen?
- Können Sie auch gegen Widerstände zu Zielvereinbarungen kommen?
- Wie weit beteiligen Sie die Mitarbeiter bei der Zielfindung?

Planung

- Wie ist die Aufgabenplanung in Ihrem gesamten Verantwortungsbereich?
- Wie stellen Sie die sach- und termingerechte Erledigung von Aufgaben sicher?
- Wie ist die anforderungsgerechte Erledigung der Aufgaben abgesichert?
- Wie stellen Sie eine effektive Auslastung der vorhandenen Ressourcen sicher?
- Gibt es eine Planung für Engpasssituationen?

Delegation

- Welche Aufgaben delegieren Sie an Mitarbeiter?
- Wie konsequent nutzen Sie die Möglichkeit genereller Delegation?
- Wie hoch ist der Anteil interessanter Aufgaben im Rahmen der Delegation für Ihre Mitarbeiter?
- Wie klar und verständlich sind delegierte Aufgaben formuliert?
- Wie stellen Sie sicher, dass Ihre Mitarbeiter durch Delegation nicht überfordert werden?
- Wie selbstständig sind die Mitarbeiter in der Erledigung delegierter Aufgaben?
- Wie vermeiden Sie Tendenzen zur Rückdelegation?

Entscheidung

- Wie weit basieren Ihre Entscheidungen auf nachvollziehbaren Kriterien?
- Wie schnell kommen Sie zu richtigen Entscheidungen?
- Wie gut ist die Qualität Ihrer Entscheidungen?
- Wie oft müssen Sie Entscheidungen wieder revidieren?
- Sind die Gründe Ihrer Entscheidung für Ihre Mitarbeiter transparent und nachvollziehbar?
- Wie weit nutzen Sie die Kompetenzen Ihrer Mitarbeiter zur Vorbereitung und zum Treffen von Entscheidungen?

Kontrolle

- Gibt es eine konsequente Kontrolle in Bezug auf das Erreichen von Zielen?
- Gibt es zu vereinbarten Zielen nachvollziehbare und unmissverständliche Messkriterien?
- Gibt es auch eine Kontrolle in Bezug auf Zwischenziele und Meilensteine?
- Wie konsequent führen Sie Ihre Kontrollaufgaben durch?
- Halten Sie Ihre Mitarbeiter zur Selbstkontrolle an?
- Wie stellen Sie die Endkontrolle sicher?

Bestätigung und Anerkennung

- Wie transparent sind Ihre Anforderungen an gute Leistung?
- Geben Sie regelmäßige Anerkennung für gute Leistungen?
- Bestätigen Sie auch die anforderungsgerechte Leistung?
- Wie gut sind Sie über die Stärken Ihrer Mitarbeiter informiert?
- Wie stellen Sie sicher, dass Ihre Mitarbeiter ihre Stärken gezielt einsetzen und auch weiterentwickeln können?

Korrektur und Kritik

- Ist sichergestellt, dass Ihre Mitarbeiter für die Erledigung von Aufgaben die notwendigen Voraussetzungen haben?
- Wie transparent sind Ihre Anforderungen an die Aufgabenerfüllung?
- Wie schnell reagieren Sie auf Abweichungen von der Norm?
- Wie stellen Sie objektive Bewertungsmaßstäbe sicher?
- Berücksichtigt Ihre Kritik den Entwicklungsstand Ihrer Mitarbeiter?
- Ist Ihre Kritik konstruktiv, d.h. mit Lösungsvorschlägen verbunden?
- Wie reagieren Sie auf sich wiederholende Abweichungen?

Information und Kommunikation

- Wie stellen Sie die zeit- und zielgerechte Information der Mitarbeiter sicher?

- Wie gut sind Sie über aktuelle Vorkommnisse im Arbeitsbereich Ihrer Mitarbeiter informiert?
- Was wissen Sie generell über die Arbeitssituation Ihrer Mitarbeiter?
- Wie stellen Sie den Informationsaustausch innerhalb Ihres Teams sicher?
- Wie konsequent geben Sie Informationen über die Unternehmenssituation, Strategien und über das Umfeld des Unternehmens weiter?
- Ist Ihren Mitarbeitern bewusst, dass Information auch eine Holschuld ist?

ZUSAMMENARBEIT FÖRDERN, TEAMBILDUNG

- Wie fördern Sie die Zusammenarbeit in Ihrem Verantwortungsbereich?
- Wie flexibel sind die Mitarbeiter auch in anderen Aufgabenstellungen innerhalb der Abteilung einsetzbar?
- Wie gut ist die Atmosphäre innerhalb des Teams?
- Wie gut sind Sie über Konflikte innerhalb des Teams informiert?
- Wie stellen Sie sicher, dass die Qualität der Zusammenarbeit sich stetig verbessert?

MITARBEITERFÖRDERUNG UND -ENTWICKLUNG

- Kennen Sie Stärken, Schwächen und Potenziale aller Ihrer Mitarbeiter?
- Gibt es regelmäßige Gespräche über Entwicklungsmöglichkeiten und -notwendigkeiten?
- Was wissen Sie über die persönlichen Entwicklungswünsche Ihrer Mitarbeiter?
- Sorgen Sie für eine individuelle Entwicklungsplanung?
- Wie halten Sie Ihre Mitarbeiter an, Mitverantwortung für die eigene Weiterentwicklung zu übernehmen?

Neben diesen Punkten geht es natürlich auch oder gerade im Bereich der Führung um persönliche und soziale sowie um methodische Kompetenzen. Dieser Teil der Führungskompetenz ist bereits unter Punkt 7 ausführlich behandelt worden. Wenn Sie Führungsaufgaben wahrnehmen, müsste dies notwendig dort in Ihre Betrachtung eingeflossen sein.

9. Ihre persönlichen Ziele

Was wollen Sie und was können Sie erreichen?

Unter dieser Rubrik können Sie auf Ihre berufliche und persönliche Weiterentwicklung gezielt Einfluss nehmen. Voraussetzung ist natürlich, dass Sie nicht nur eine vage Idee, sondern eine sehr klare Vorstellung davon haben, was Sie beruflich in welchen Zeiträumen noch erreichen wollen. Wichtig ist hierbei, dass Sie sich über Ihre Vorstellungen Klarheit verschaffen und dass Sie wirklich Ihre eigenen Ideen entwickeln anstatt sich ausschließlich von generellen Erwartungen von außen lenken zu lassen. Besser als Karrierestreben um jeden Preis kann es sein, sich auch der eigenen Grenzen bewusst zu sein und sorgfältig abzuwägen, wie groß die nächsten Ziele dimensioniert sein können, um nicht der Gefahr der Überforderung zu unterliegen.

Sicher kennen Sie das ironisch und bissig formulierte Peter-Prinzip, wonach es in Unternehmen eine Tendenz gibt, Mitarbeiter für gute Leistung immer wieder durch eine Beförderung zu belohnen, ohne vorher die Frage gründlich zu klären, ob dem betreffenden Mitarbeiter auch das Potenzial für einen weiteren Karriereschritt gegeben ist. Fazit des Peter-Prinzips: Jeder Mitarbeiter wird solange befördert, bis er den Grad seiner individuellen Inkompetenz erreicht hat.

Zwei grundsätzliche Entwicklungsmöglichkeiten

Auch hier können Sie Einfluss nehmen. Das bedingt natürlich persönliche Klarheit darüber, was Sie erreichen wollen und was Sie sich zutrauen können. Zwei Richtungen sind denkbar – auch in Kombination miteinander:

Kompetenzerweiterung auf der gleichen Hierarchieebene

- Entwicklung in Richtung Vielseitigkeit bedeutet, dass Sie innerhalb der Aufgabenstellung auf gleicher Hierarchieebene weitere oder andere Aufgaben übernehmen.

Aufstieg auf die nächste Hierarchieebene

- Entwicklung in Richtung nächste Hierarchieebene bedeutet den Aufstieg innerhalb der Hierarchie.

Beide Richtungen gleichzeitig zu gehen wird nur wenigen besonders talentierten Mitarbeitern vorbehalten sein. Wenn Sie weiterkommen wollen, prüfen Sie vorher sorgfältig, welche der beiden Richtungen Ihren Fähigkeiten und Potenzialen am ehesten entspricht. Fest steht, dass die klassischen Hierarchien zunehmend aufgeweicht werden und dass eine Weiterentwicklung auf gleicher Ebene auch eine gute Grundlage für den späteren Aufstieg in der Hierarchieleiter schaffen kann.

Leider ist es in Unternehmen nur selten möglich, einen missglückten Karriereschritt unbeschadet zu überstehen. Der Makel des Scheiterns haftet diesen Kandidaten dann konsequent an – als »Verlierer« abgestempelt, endet dann der weitere Berufsweg schnell in einer Sackgasse. Leider gibt es auch nur sehr selten eine zweite Chance.

Checkliste

- Wo möchten Sie künftig Schwerpunkte setzen?
- Von welchen Aufgaben möchten Sie sich lösen?
- Welche Verbesserungen möchten Sie realisieren?
- Welche Aufgaben streben Sie künftig an?
- Was sind Ihre längerfristigen beruflichen Vorstellungen?

10a. Die Qualität der Führung

Wie zufrieden sind Sie mit Ihrem Vorgesetzten?

Mit dieser Thematik kommt eine ganz andere Sichtweise in das Zielvereinbarungsgespräch, denn nun geht es nicht mehr um Sie persönlich und Ihre Aufgaben – hier ist eine klare Positionierung zu der wichtigen Frage gefordert, wie zufrieden Sie mit Ihrem Vorgesetzten sind.

Wichtig sind nachvollziehbare Beurteilungskriterien

Gerade bei der Einschätzung und Bewertung des Führungsverhaltens des eigenen Vorgesetzten ist es wichtig, mit nachvollziehbaren Beurteilungskriterien zu agieren. Subjektive Sichtweisen können leicht als unfair empfunden und damit vom Tisch gewischt werden.

Richten Sie Ihre Beurteilung an den Führungsgrundsätzen Ihres Unternehmens aus

Als neutrale und gleichzeitig legitime Grundlage bieten sich die Führungsleitsätze oder Führungsgrundsätze an, die es zumindest in größeren Unternehmen schon seit Jahren gibt. Diese Grundsätze sind meist aus dem Unternehmensleitbild abgeleitet und stellen eine Präzisierung des generellen Leitbildes für die Ebene des Führens und der Zusammenarbeit dar.

Praxisbeispiel

Der Leiter einer Großbankfiliale mit ca. 120 Mitarbeitern verkündet im Rahmen einer Abteilungsleitersitzung, dass er und sein Kollege in der Filialleitung demnächst über die Gehaltserhöhungen für das folgende Jahr beschließen werden. Eine der versammelten Führungskräfte der nächsten Ebene stellt daraufhin die Frage, inwieweit sich diese Vorgehensweise mit der Aussage in den Führungsleitlinien vertrage, wonach der direkte Vorgesetzte für die Förderung und Entwicklung der Mitarbeiter verantwortlich sei. Irritiert schlägt der Filialleiter zunächst vor, das Thema bis zur nächsten Sitzung zu vertagen. Nachdem die anwesenden Führungskräften jedoch um eine schnelle Entscheidung bitten, schlägt er schließlich vor, dass jeder der Anwesenden kurzfristig Vorschläge einreichen solle, welche seiner Mitarbeiter für eine finanzielle Verbesserung in Frage kämen.

Entspricht das Verhalten Ihres direkten Vorgesetzten den Führungsrichtlinien?

An diesem Beispiel orientiert können Sie vorhandene Führungsleitlinien als Messlatte für die Einschätzung des Führungsverhaltens Ihres direkten Vorgesetzten heranziehen. Gehen Sie die einzelnen Aussagen der Führungsleitlinien gezielt durch, denken Sie über typische Situationen nach, in denen es um bestimmte Aspekte dieser Leitlinien ging und bewerten Sie danach das Verhalten Ihres Vorgesetzten.

Geben Sie sowohl positives als auch kritisches Feedback

Bedenken Sie bei der Bewertung, dass es mit Sicherheit positive und kritische Wahrnehmungen gibt. Sprechen Sie dann auch gezielt sowohl die positiven Rückmeldungen als auch die kritischen Rückmeldungen in einem realistisch ausgewogenen Verhältnis an. Selbst oder gerade wenn Ihr Vorgesetzter zu dem Typus gehören sollte, der nach dem Motto führt: »Solange ich nicht kritisiere, ist alles in Ordnung«, können Sie demonstrieren, dass Anerkennung und Kritik gleichermaßen wichtig sind.

Und ganz nebenbei: Die meisten Vorgesetzten freuen sich auch über eine ehrlich gemeinte Anerkennung. Viele Führungskräfte sind sich tendenziell eher unsicher, wie ihre Art und Weise der Führung bei den Mitarbeitern ankommt. Ehrliches und konstruktives Feedback sind eben leider nicht der Regelfall in Unternehmen.

Keine Frage, dass es über den Transport bestimmter Inhalte hinaus natürlich ganz entscheidend um die Frage geht, wie Sie Ihre Rückmeldungen verpacken. In Teil I, Kap. 5. finden Sie konkrete Anregungen und Praxisbeispiele für Feedbacksituationen.

10b. Die Qualität der Zusammenarbeit

Über die Beurteilung der Führungsqualität hinaus geht es auch noch um die Qualität der Zusammenarbeit innerhalb des Aufgabengebiets und der Zusammenarbeit über das Aufgabengebiet hinaus, das heißt die Qualität der Schnittstellen zu anderen Aufgabengebieten.

die »harten Faktoren« der Zusammenarbeit

Die Qualität der Zusammenarbeit wird einerseits von »harten Faktoren« bestimmt, wie zum Beispiel der Transparenz und Klarheit in Bezug auf

- die Aufgaben und deren Inhalte,
- Zuständigkeiten und Verantwortlichkeiten,
- die Abläufe und Prozesse,
- die Anforderungen bzw. Qualitätsstandards,
- Terminklarheit.

die »weichen Faktoren« der Zusammenarbeit

Daneben spielen auch hier die »weichen Faktoren« eine nicht zu unterschätzende, oft sogar eine dominierende Rolle. Hierzu gehören beispielsweise

- die Art und Weise der Kommunikation,
- das Eingehen von Vereinbarungen,
- das Einhalten der entsprechenden Absprachen,
- die Arbeitssituation der beteiligten Personen,
- das Selbstwertgefühl der beteiligten Personen.

Praxisbeispiel

In einem Glaswerk wurde über längere Zeiträume festgestellt, dass die Ausschussquote deutlich zu hoch war. Um das Problem schnell und auch nachhaltig in den Griff zu bekommen, wird ein externer Berater eingeschaltet, der die Produktionsabläufe analysiert um die Fehlerquellen aufzuspüren. Die nachhaltigsten Verbesserungspotenziale zeigen sich dort, wo die erste grobe Sichtkontrolle für die produzierten Glasbehälter stattfindet. Die Mitarbeiter der

Qualitätskontrolle müssen hier die Fehler feststellen und eine Meldung an die Mitarbeiter der vorhergehenden Produktionsstufe – die Maschinenführer – geben. Folgende gravierende Probleme treten hierbei auf:

- *Die Fehlermeldungen sind ungenau und geben keine ausreichend konkreten Hinweise für eine Analyse der Ursache. (»Der Flaschenhals ist krumm.« statt »Der Flaschenhals hat eine vertikale Abweichung von ca. 2 mm.«).*
- *Die Fehlermeldungen werden teilweise mündlich und teilweise schriftlich weitergeben – ein konkreter Standard ist nicht festgelegt.*
- *Statt Fehlerhinweise geben die Kontrolleure ihren Kollegen nur vage Lösungsvorschläge. (»Du musst die Form wechseln.« statt »Das Gusszeichen am Flaschenboden wird unscharf.«)*
- *Die Kritik wird unsachlich, belehrend und teilweise abwertend formuliert. (»Kannst du denn deine Maschine noch immer nicht richtig bedienen?)*
- *Die Maschinenführer fassen die Fehlerhinweise teilweise als persönliche Kritik auf. (»Der will mich ja doch nur ärgern.«)*
- *Die Maschinenführer nehmen Fehlerhinweise auf die leichte Schulter. (»So schlimm ist das doch gar nicht.«)*

Bei Diskussionen über die Realisierung von Verbesserungen zeigt sich deutlich, dass der Ärger über die Art und Weise, in der die Fehlerhinweise gegeben und angenommen werden, das Hauptproblem ist. Das Hauptproblem liegt also in den »weichen« Faktoren. Erst nach einer offenen und intensiven Aussprache sind die Kollegen an dieser Schnittstelle bereit, die Verbesserungsvorschläge umzusetzen.

eine nachvollziehbare Grundlage für die Einschätzung »weicher« Faktoren

Das Beispiel zeigt, dass es hier hilfreich ist, wenn Sie eine nachvollziehbare Grundlage für Ihre Einschätzung in Bezug auf die harten und weichen Faktoren haben. Hinweise auf die harten Faktoren finden Sie in Aufgabenbeschreibungen, Rundschreiben, Protokollen von Organisationsbesprechungen, Organigrammen, Organisationshandbüchern und ähnlichen Quellen.

Was die weichen Faktoren anbelangt, finden Sie möglicherweise auch eine Unterstützung in schriftlicher Form. In den letzten Jahren hat sich nämlich in Unternehmen ein Trend etabliert, dass zunehmend statt reiner Führungsgrundsätze diese auch die Qualität der Zusammenarbeit umfassen und als »Grundsätze für Führung und Zusammenarbeit« formuliert werden.

schriftlich fixierte »Grundsätze für Führung und Zusammenarbeit«

Damit tragen Unternehmen auch der Tatsache Rechnung, dass Führung und Zusammenarbeit immer ein zweiseitiger Prozess sind – damit wird auch die Grundidee dieses Buches transportiert, dass nämlich auch jeder Mitarbeiter Verantwortung trägt und es sich bei Unzufriedenheit nicht zu einfach machen sollte, indem er sich ausschließlich auf die Verantwortung der Führungskräfte beruft. Diese in den Unternehmensleitlinien fixierten Grundsätze sollten – sofern vorhanden – Basis Ihrer Einschätzungen sein.

Führung und Zusammenarbeit sind immer ein zweiseitiger Prozess

Bevor Sie negative Aspekte der Einschätzung der Zusammenarbeit innerhalb der Abteilung in das Zielvereinbarungsgespräch einfließen lassen, sollten Sie sich allerdings auch fragen, ob es nicht möglich und sinnvoll ist, solche Kritikpunkte gewissermaßen auf bilateraler Ebene innerhalb des Teams zu klären. Das formelle Ansprechen im Zielvereinbarungsgespräch kann bei Kollegen den Eindruck fehlender Offenheit und Kritikfähigkeit entstehen lassen. Schließlich wird der Vorgesetzte ja aufgrund einer Schilderung von Defiziten in der Zusammenarbeit aktiv werden müssen – und spätestens dann wird sich die Frage stellen, warum Sie das Problem nicht auf direktem Weg angesprochen und aus der Welt geschafft haben.

Lassen sich negative Aspekte auf bilateraler Ebene innerhalb des Teams klären?

Auch unter dem Aspekt des Anschwärzens und sich Profilierens könnte Ihre Kritik an der Qualität der Zusammenarbeit zu Ihrem Nachteil ausgelegt werden – sowohl aus dem Kollegenkreis als auch aus der Sichtweise Ihres Vorgesetzten. Bedenken Sie hierbei bitte auch, dass eine nur dem Vorgesetzten gegenüber geäußerte Kritik bei diesem natürlich auch die Frage aufwerfen kann, warum Sie auf Dinge oder Verhaltensweisen, die Sie stören, nicht selbst auf direktem Wege Einfluss genommen haben.

11. Zielvereinbarungen / Messkriterien / Erfolgskontrolle

Über Ziele und Zielfindungsprozesse sind bereits umfangreiche Ausführungen eingangs dieses Teils gemacht worden. Daher soll hier ergänzend die folgende Checkliste genügen.

Checkliste

- Welches sind die wichtigsten Ziele für das folgende Jahr?
- Welche Prioritäten gibt es innerhalb dieser Ziele?
- Welche Projektziele sind zusätzlich zu erreichen?
- Welche Rahmenbedingungen sind zu berücksichtigen?
- Welche Messkriterien sind vereinbart?
- Wer ist für welche Kontrollen wann verantwortlich?
- Welche Entwicklungsziele werden vereinbart?

12. Eventuell notwendige flankierende Maßnahmen

Im Rahmen der flankierenden Maßnahmen geht es hauptsächlich um zwei Zielrichtungen:

allgemeine Förderung

- alle die Maßnahmen, mit welchen ganz allgemein im Unternehmen die Entwicklung der Mitarbeiter gefördert wird – Weiterbildung im weitesten Sinne also.

individuelle Förderung

- alle die unterstützenden Aktivitäten, durch die Ihr Vorgesetzter ganz individuell dafür sorgt, dass Sie sich voll und ganz auf Ihre Aufgaben und Ziele konzentrieren können, indem er seinen Einfluss dort geltend macht, wo Sie selbst über zu wenig Einflussmöglichkeiten verfügen.

Auch hier gilt: je klarer Ihre Vorstellungen sind, umso mehr können Sie erreichen. Nur der Wunsch wieder einmal ein Seminar zu besuchen, wird Ihren Vorgesetzten kaum überzeugen. Wenn Sie hingegen begründen, dass ein Seminar zum Thema Verhandlungsführung eine wichtige Unterstützung für Ihre Tätigkeit als Einkäufer darstellen würde und wenn Sie darüber hinaus noch entweder aus dem internen Weiterbildungsangebot oder aus den Katalogen von externen Seminaranbietern ein konkretes Seminar mit Preisen und Terminen vorschlagen können, dann ist die Wahrscheinlichkeit höher, dass Sie mit einem klaren Ergebnis zu diesem Punkt aus dem Gespräch gehen.

Flankierende Maßnahmen

Zu den flankierenden Maßnahmen im Sinne einer Weiterqualifizierung gehören über den Besuch von Seminaren hinaus beispielsweise auch

- Hospitation an anderen Arbeitsplätzen zur besseren Kenntnis von Abläufen und Zusammenhängen,
- Jobrotation – Einsatz an verschiedenen Arbeitsplätzen zum Erlangen höherer Vielseitigkeit,
- Mitarbeit in Projekten zum Sammeln weiterer Erfahrungen und zum Kennenlernen anderer Aufgaben,
- Vertretung – beispielsweise Urlaubsvertretung – ebenfalls zur Verbesserung der Vielseitigkeit,
- Vertretung des Vorgesetzten bei dessen Abwesenheit um mit Führungsaufgaben vertraut zu werden.

Abhängigkeit von anderen Stellen

Bei manchen Zielvereinbarungen können Sie darauf angewiesen sein, von Ihrem Vorgesetzten oder aus der Organisation heraus Unterstützung zu erhalten. Dies ist beispielsweise bei den so genannten Schnittstellen- oder Nahtstellenproblemen der Fall. Wenn Sie in Ihrer Zielerreichung davon abhängig sind, dass eine andere Abteilung Ihnen beispielsweise bestimmte Daten pünktlich zur Verfügung stellt, Sie aber aus den Erfahrungen der letzten Jahre heraus befürchten müssen, dass die notwendigen Daten teilweise unvollständig und teilweise zu spät kommen, dann kann das Ihre Aktivitäten nachhaltig hemmen und die Erfolge deutlich erschweren. Oder nehmen Sie an, Sie haben im letzten Jahr festgestellt, dass Sie Ihre Ziele nicht wie geplant erreichen können, weil es bei einigen Produkten ständig Lieferengpässe gab. In solchen Situationen hat der eigene Einfluss oft Grenzen. Es kann auch sein, dass allein der Zugang zu bestimmten Datenbanken für Sie eine erhebliche Erleichterung Ihrer Arbeit zur Folge hätte.

Führungskräfte sollen Ihren Mitarbeitern den Rücken freihalten

Hier setzt auch eine der wesentlichen Aufgaben von Führungskräften ein: Sie sollen ihren Mitarbeitern den Rücken freihalten. Sie sollen auf alle hemmenden Faktoren Einfluss nehmen, bei denen der Mitarbeiter aufgrund seiner Position nicht oder nur mit unangemessen hohem Aufwand Veränderungen bewirken kann. Das kann heißen, dass Sie beim nächsthöheren Vorgesetzten Unterstützung einfordern – kann aber auch heißen, dass sie mit einem Kollegen in einem anderen Verantwortungsbereich auf gleicher Ebene Absprachen treffen, die für Sie die notwendigen Voraussetzungen darstellen, Ihre Aufgaben zu bewältigen.

Zeigen Sie klar und deutlich auf, welche Unterstützung Sie benötigen

Es liegt auf der Hand, dass Ihr Vorgesetzter nur dann tätig werden kann, wenn Sie ihm klar und deutlich aufzeigen, welche Unterstützung Sie benötigen.

Checkliste

- Welche Entwicklungsmaßnahmen sind notwendig?
- Welche Projekte können die Weiterentwicklung fördern?
- Welche künftige Verwendung zeichnet sich ab?
- Welche eigenen Aktivitäten werden Sie entwickeln?
- Welche Unterstützung soll der Vorgesetzte geben?

Soweit zur Möglichkeit nachhaltiger Einflussnahme im jährlichen Zielvereinbarungsgespräch. Eine Situation also, in der Sie einmal markant Einfluss nehmen und die Weichen für einen längeren Zeitraum stellen können.

3 Auch im Tagesgeschäft eine aktive Rolle übernehmen

Genauso wichtig ist aber die permanente Einflussnahme im Tagesgeschäft. Hier liegt auch die Chance, die im Zielvereinbarungsgespräch fixierten Strategien zu festigen und abzusichern. Deshalb ist es mindestens ebenso wichtig, dass Sie tagtäglich »dran bleiben«. Vor allem natürlich dann, wenn es Zielvereinbarungsgespräche in der hier geschilderten Form nicht oder nur in bescheidenen Ansätzen gibt.

Führen findet permanent statt – deshalb können Sie aus der Mitarbeiterrolle heraus auch permanent Einfluss auf die Art und Weise und die Zielrichtung der Führung nehmen. Im Gegensatz zur grundlegenden Mitwirkung über das Jahresgespräch liegt eine ganz andere Chance in der Einflussnahme auf die täglichen Führungssituationen: Gerade mit vielen kleinen Schritten können Sie Ihre Vorstellungen unauffällig und unspektakulär – gewissermaßen beiläufig – erreichen. Machen Sie es sich zum Prinzip: Jede Reise fängt mit dem ersten Schritt an – dabei ist die Richtung entscheidend und nicht die Größe des Schritts.

3.1 Eindeutige Aufträge übernehmen

Wenn die Kommunikation immer klar und eindeutig wäre, gäbe es keine Missverständnisse und den daraus resultierenden Ärger. Leider ist jedoch das Gegenteil der Fall – immer wieder gibt es Situationen, in denen sich herausstellt, dass zwischen Auftraggeber und Auftragsempfänger irgendetwas unklar geblieben ist.

Keine Frage natürlich, dass es zunächst einmal die Aufgabe von Vorgesetzten ist, ihre Aufträge klar und unmissverständlich zu formulieren. Wenn Sie es sich allerdings aus der Mitarbeiterperspektive einfach machen und im Falle unklarer Aufträge nach dem Motto handeln würden: *»Ich mach's mal so, wie ich denke, dass es gemeint war – wenn es falsch war, mache ich es halt noch mal«*, würden Sie sich mehrere Nachteile einhandeln. Neben Mehrarbeit und Zeitdruck riskieren Sie letztlich, dass Sie bei Ihrem Vorgesetzten ein ungünstiges Bild verstärken, nämlich das eines Mitarbeiters, dem man alles zweimal sagen muss.

Vergewissern Sie sich, dass Sie alles richtig verstanden haben

Obwohl es also letztlich Sache Ihres Vorgesetzten ist, Arbeitsaufträge eindeutig nachvollziehbar weiterzugeben, fragen Sie im Zweifelsfalle so lange nach, bis Sie genau wissen, was gemeint ist. Oder wiederholen Sie zunächst das, was Sie verstanden haben, damit Ihr Vorgesetzter bei Missverständnissen noch korrigierend eingreifen kann. Lassen Sie sich nicht von eventueller Ungeduld einschüchtern oder irritieren. Bedenken Sie: Es gibt keine dummen Fragen – höchstens dumme Antworten.

3.2 Die richtigen Informationen erhalten

Vielfach verfügen Mitarbeiter nicht über die notwendigen Informationen

Ohne die richtigen Informationen kann niemand seinen Job gut und richtig ausüben. So selbstverständlich diese Tatsache ist – so wenig ist es jedoch leider Realität, dass Mitarbeiter über die richtigen Informationen verfügen. Wenn ich aus meiner Trainer- oder Beraterrolle heraus das Thema Information anschneide, dann gibt es sehr häufig von ein und derselben Person zwei widersprüchliche Aussagen. Einerseits heißt es: »*Ich muss unwahrscheinlich viele Informationen verarbeiten*« und andererseits: »*Mir fehlen oft die richtigen Informationen*«.

Inhaltlich lässt sich das Informationsbedürfnis durch ein Modell konzentrischer Kreise darstellen, das ausgehend von einem einzelnen Auftrag bis zum Umfeld des Unternehmens fünf Kategorien von Informationen differenziert.

Fünf Arten von Informationen

Informationen die Sie

1. zur Erledigung eines Auftrages benötigen,
2. zur Erfüllung aller Ihrer Aufgaben benötigen,
3. zum Verständnis der Abläufe innerhalb der Abteilung oder Arbeitsgruppe benötigen,
4. zum Verständnis der Zusammenhänge innerhalb des gesamten Unternehmens benötigen,
5. zum Verständnis der Situation des Unternehmens im aktuellen Umfeld und über Trends und Entwicklungen in der Zukunft benötigen.

Keine Frage, dass die Informationen der Kategorien 1 bis 3 Grundbedingung für eigenverantwortliches Handeln sind – allerdings sollten Sie auch darauf hinwirken, dass Sie auch in Bezug auf die Informationen der Kategorien 4 und 5 in einigermaßen regelmäßigen Abständen zeitnahe Kenntnis bekommen.

3.3 Information als Bringschuld

Mein Chef informiert mich nicht!

»*Mein Chef informiert mich nicht!*« ist eine häufig angestimmte Klage. Der Hintergrund dieser Klagen aus der Mitarbeiterperspektive ist meistens die Wahrnehmung, dass Vorgesetzte entweder zu spät oder nur sehr stark selektiert informieren. Die Schreibtische dieser Vorgesetzten stellen dann so eine Art »Bermuda-Dreieck der Information« dar. Jeder Mitarbeiter weiß, dass da eigentlich Informationen sein müssten, aber auf unerklärliche Weise verschwinden diese – wie die Schiffe im Ozean – und erreichen ihren »Zielhafen« nie.

Das ist schon allein deshalb schlecht, weil fehlende Informationen zu Mängeln in der Ausführung von Aufträgen führen, Mehrfacharbeit verursachen und weil zu spät gelieferte Informationen zu Zeitdruck oder gar zu Terminüberschreitungen führen.

Wesentlich gravierender ist jedoch die Tatsache, dass in solchen Situationen bei den Mitarbeitern im Laufe der Zeit der Eindruck entsteht, generell nicht ausreichend informiert zu sein. Wer sich nicht ausreichend informiert fühlt, bei dem beginnt sich Unsicherheit breit zu machen – Unsicherheit ist eine schlechte Arbeitsgrundlage, denn sie führt einerseits zu innerem und oft auch offenem Widerstand und andererseits liegt auch auf der Hand, dass dort, wo Informationen fehlen, Gerüchte entstehen, die sich hartnäckig halten.

Werden Sie im Sinne eines Feedback aktiv, wenn Sie den Eindruck haben, dass Informationen fehlen

Scheuen Sie sich deshalb nicht, im Sinne eines Feedback aktiv zu werden, wenn Sie den Eindruck haben, dass immer wieder Informationen fehlen. Machen Sie Ihrem Vorgesetzten klar, dass die Qualität der Arbeit leidet und das dass Gesamtergebnis negativ beeinflusst wird, wenn Informationen zu spät oder zu spärlich kommen. Machen Sie am besten an konkreten Beispielen deutlich, welche negativen Konsequenzen aufgrund mangelnder Information entstanden sind und zeigen Sie Wege auf, wie das in Zukunft vermieden werden kann.

3.4 Information als Holschuld

Die Verantwortung für schnelle und ausreichende Information liegt nicht nur beim Vorgesetzten

Wenn wir uns andererseits einmal vergegenwärtigen, welche Mengen an Informationen heutzutage verbreitet und zur Kenntnis genommen werden und schließlich auch zugriffssicher vorhanden sein sollen, dann wird klar, dass die Verantwortung für die schnelle und vollständige Information nicht nur beim Vorgesetzten liegen kann. Durch die hohe Spezialisierung an vielen Arbeitsplätzen wird es für Vorgesetzte zunehmend schwierig, den optimalen Informationsfluss sicherzustellen.

Verstehen Sie Information auch als Holschuld

Werden Sie daher grundsätzlich aktiv, indem Sie Information auch als Holschuld verstehen. Sie werden sich vielleicht fragen, wie Sie Informationen einfordern können ohne zu wissen, ob und in welcher Form sie vorliegen. Der Gedanke der Information als Holschuld bezieht sich in erster Linie auf die Informationen der Kategorien 4 und 5, die in der Regel auch auf der nächsthöheren Ebene in regelmäßigen Meetings ausgetauscht werden. Wenn Sie also wissen, dass ein solches Meeting stattgefunden hat, sollten Sie – sofern nicht automatisch Informationen daraus weitergegeben werden – Ihren Vorgesetzten fragen, was es an interessanten neuen Informationen gibt. Lassen Sie sich auch nicht zu schnell mit dem Hinweis auf Vertraulichkeit abspeisen. Machen Sie vielmehr deutlich, dass man Ihnen auch weiterreichende Informationen anvertrauen kann und halten Sie sich dann natürlich an die zugesicherte Vertraulichkeit.

3.5 Verantwortung übernehmen durch Delegation

Delegation bedeutet für Vorgesetzte die Weitergabe eines Auftrages mit der Übertragung der notwendigen Handlungskompetenzen und der Verantwortlichkeit für die richtige Ausführung. Dies gilt sowohl für generelle Delegation, in deren Rahmen Sie grundsätzlich die Verantwortung für bestimmte Aufgaben übernehmen als auch in Bezug auf die fallweise Delegation, wenn Ihnen eine einzelne Aufgabe eigenverantwortlich übertragen wird.

Sorgen Sie dafür, dass Sie im Rahmen der Delegation eine aktive Rolle übernehmen

Sorgen Sie dafür, dass Sie im Rahmen der Delegation eine aktive Rolle übernehmen. Wirken Sie immer wieder darauf hin, dass Sie in Bezug auf erteilte Aufträge

- die Verantwortung für die vollständige und selbstständige Ausführung bis zur Zielerreichung erhalten,
- mit den notwendigen Kompetenzen ausgestattet sind,
- die genauen Anforderungen und die Bewertungskriterien kennen,
- erfahren, was letztlich aus dem Ergebnis Ihrer Arbeit geworden ist.

3.6 Selbstkontrolle vor Fremdkontrolle

Führen ohne Kontrolle ist keine Führung – nur mithilfe der entsprechenden Kontrollmechanismen ist sichergestellt, dass die Qualität der Leistung den Anforderungen entspricht, dass Ziele richtig erreicht werden und dass eine permanente Optimierung stattfindet. Im klassischen – und gleichzeitig auch überholten – Führungsverständnis sehen sich Vorgesetzte allein für die Kontrolle verantwortlich.

Kontrolle als permanenter und eigenverantwortlich wahrgenommener Prozess

Wenn Sie jedoch auch die Kontrolle mit als Ihre Aufgabe definieren, erweitern Sie damit Ihre Kompetenz und unterstreichen auch bei diesem Führungsinstrument Ihre Rolle als aktiver und selbstbewusster Mitarbeiter. Kontrolle sollte als permanenter Prozess verstanden werden und sich nicht nur darauf beschränken, am Ende einer Auftragsausführung den Grad der Abweichung festzustellen.

Zu Ihrer Verantwortung gehört es dann beispielsweise auch, dass Sie Ihren Vorgesetzten schon frühzeitig aufmerksam machen, wenn Sie mit der Erledigung von Aufträgen in Verzug geraten oder wenn Sie sich in Bezug auf die Qualität der Ausführung unsicher sind. Wer erst das Ergebnis der Fremdkontrolle abwartet, würde damit eine passive und untergeordnete Rolle unterstreichen.

Aktive Einflussnahme bei der Festlegung von Messkriterien

Einfluss nehmen können Sie auch, wenn Sie beim Festlegen von Messkriterien mitwirken. Gerade im Bereich qualitativer Anforderungen sollten Sie unbedingt dafür sorgen, dass die Kontrolle und damit die Bewertung einer Leistung nach Kriterien erfolgt, die aus Ihrer Sicht nachvollziehbar, neutral und realistisch sind.

3.7 Konstruktiver Umgang mit Kritik

»Zum Gespräch mit meinem Chef komme ich fast nur, wenn irgendetwas schief gelaufen ist«

»Zum Gespräch mit meinem Chef komme ich fast nur, wenn irgendetwas schief gelaufen ist« klagen Mitarbeiter häufig. Eine Situation, in der Kommunikation fast ausschließlich an Sachverhalte mit kritischem Inhalt geknüpft ist, lässt natürlich inneren Widerstand gegen jede Form von Kritik entstehen. Die Konsequenz ist dann, dass durch die grundlegende Abwehr jeglicher Kritik auch sinnvolle Anregungen und Veränderungen abgeblockt werden. Die Energie richtet sich

dann in erster Linie auf das Abwehren von Kritik und nicht mehr auf den sinnvollen Umgang mit Kritik.

Achten Sie deshalb darauf, dass Sie Kritik offen annehmen anstatt sich vorschnell zu rechtfertigen. Fragen Sie so lange nach, wenn Kritik für Sie nicht verständlich ist, bis Sie genau wissen, worauf Ihr Vorgesetzter hinaus will. Machen Sie Ihrem Vorgesetzten allerdings auch deutlich, wenn er Kritik unangemessen häufig oder zu kleinlich äußert. Ausführlich ist diese Thematik bereits in Teil A, Kapitel 6 »Feedback-Kultur« behandelt worden, weil es hier um einen sehr grundlegenden Aspekt der konstruktiven Zusammenarbeit und um eine nachhaltige Möglichkeit der Einflussnahme geht.

3.8 Effektive Kommunikation mitgestalten

Den heutigen komplexen Anforderungen können Unternehmen nur dann in der geforderten Schnelligkeit gerecht werden, wenn die interne Kommunikation zielgerichtet und effektiv gestaltet wird.

Kommunikation findet einerseits in bilateralen Gesprächen statt. Hier können Sie direkt ansetzen, wenn aus Ihrer Sicht die Gespräche effektiver sein können. Fragen Sie nach der Zielsetzung eines Gesprächs, wenn diese nicht eindeutig erkennbar ist. Sorgen Sie für ein einheitliches inhaltliches Verständnis im Gespräch, indem Sie bei Unklarheiten gezielt nachfragen.

Ein zunehmender Teil der internen Kommunikation findet im Rahmen von Meetings statt – innerhalb einer organisatorischen Einheit oder abteilungsübergreifend. Die Schwächen der Meetingkultur in Unternehmen lassen sich an den ironischen Definitionen des Begriffs »Meeting« erkennen: »Ein Meeting ist, wenn viele reingehen und wenig dabei herauskommt« oder noch härter »Ein Meeting ist der Triumph des Sitzfleischs über das Gehirn«.

Prozesse der internen Kommunikation zielführend nutzen

Das muss nicht notwendig so sein. Auch hier gibt es Möglichkeiten, die Dinge durch gezieltes Nachfragen zur Zufriedenheit aller Beteiligten zu klären oder im eigenen Sinne richtig zu stellen. Letztendlich sollen die in Meetings gefassten Beschlüsse von allen handelnden Personen getragen und auch umgesetzt werden können.

Teil C Persönliche Stärken und Potenziale bewusst aktivieren und gezielt entwickeln

1 Die individuelle Strategie entwickeln

Erst wenn Sie eine klare Vorstellung davon haben, was Sie erreichen wollen und wenn Ihnen gleichzeitig auch bewusst ist, was Sie dafür konkret tun werden, haben Sie eine grundlegende Voraussetzung für aktives und zielorientiertes Vorgehen. Die andere wichtige Voraussetzung ist eine hinreichend genaue und neutrale Analyse der Ausgangssituation.

Vom Wunsch über die Vision zum Ziel

Wer sich auf der Ebene der Wünsche bewegt, schafft noch keine wirkliche Grundlage für Veränderungen

Unsere Vorstellungen von der Zukunft sind oft recht vage und unpräzise. Wir wünschen uns beispielsweise, dass wir mehr zu sagen hätten oder dass uns die Arbeit mehr Spaß machen würde. Wer sich auf der Ebene der Wünsche bewegt, schafft noch keine wirkliche Grundlage für Veränderungen. Lassen Sie aus Wünschen Visionen werden. Wenn Sie sich beispielsweise bildhaft vorstellen, wie es sein wird, wenn Sie sich selbst in eine interessante berufliche Position weiterentwickelt haben, ist die Chance groß, dass dieses Bild eine beachtliche Zugkraft entwickelt und Sie unbewusst beginnen werden, Aktivitäten zu entwickeln, die Sie in die Richtung Ihrer Vision voranbringen. Wenn Sie allerdings noch einen Schritt weitergehen und aus Ihrer Vision ein Ziel konkretisieren, haben Sie die Chance, das Ziel in einem überschaubaren Zeitraum auch zu erreichen.

Aus Visionen müssen konkrete Ziele werden

Wie Sie nun Ihre persönlichen und beruflichen Ziele noch so formulieren, dass sie den in Teil B, Kap. 1.2 dargestellten Anforderungen entsprechen, dann ist die Wahrscheinlichkeit groß, dass Sie Ihre Ziele auch wirklich erreichen werden. Oder anders ausgedrückt: Wer seine Vision in klaren und durchdachten Zielen präzisiert, wird kaum noch verhindern können, seine Ziele auch zu erreichen.

Vom Ziel zur Aktion

Natürlich ist noch ein wichtiger Schritt zu gehen: Es müssen noch die einzelnen Aktivitäten beschrieben werden, mit de-

Fixieren Sie die geplanten Aktivitäten schriftlich

nen Sie Ihre Ziele erreichen wollen. Beschreiben ist hier durchaus wörtlich gemeint – erst wenn Ziele und Aktivitäten schriftlich fixiert sind, haben Sie eine hohe Aussicht auf den Erfolg der Umsetzung. Was konkret werden Sie wann tun – so formuliert, können Sie eine Liste Ihrer Aktivitäten zusammenstellen. Und dann Schritt für Schritt abarbeiten.

Engpassorientiert vorgehen

Kennen Sie auch den folgenden Effekt eines interessanten Seminars? Je näher das Ende des Seminars heranrückt, um so mehr bauen manche Teilnehmer Elan und Tatendrang in sich auf, um gleich am nächsten Arbeitstag möglichst viele ihrer Vorsätze umzusetzen und möglichst viel zu verändern. Leider ist das der beste Weg zum Misserfolg. Wer versucht, an allen möglichen Rädchen gleichzeitig zu drehen, um möglichst vieles zu verändern, wird schnell wieder auf den Boden der Realität geholt werden, weil er eine falsche – eine zu breit angelegte Strategie – gewählt hat.

Suchen Sie den Ansatzpunkt, an dem Sie mit nur geringem Aufwand möglichst viel bewegen und erreichen können

Gehen Sie statt dessen engpassorientiert vor: Suchen Sie den Ansatzpunkt, an dem Sie mit nur geringem Aufwand möglichst viel bewegen und erreichen können. Wenn Sie Einfluss auf das Führungsverhalten Ihres Vorgesetzten nehmen wollen, dann überlegen Sie vorher, welche Verhaltensänderung den nachhaltigsten Erfolg haben und Ihnen und Ihrem Vorgesetzten den größten Nutzen bringen würde. Wenn Sie sich darauf konzentrieren, werden Sie erleben, dass sich andere Veränderungen automatisch mit ergeben.

Ziele kommunizieren

Es genügt nicht allein, Ziele zu haben. Nur wer sich über diese Ziele auch in der richtigen Art und Weise mit den richtigen Menschen austauscht, trägt das maximal Mögliche zum Erreichen der Ziele bei. Der Dialog mit anderen hilft beispielsweise dabei, die eigenen Ziele kritisch zu reflektieren. Gerade abweichende Sichtweisen anderer aufzunehmen und zu überdenken, kann wichtige Impulse für die Realisierung der eigenen Ziele geben. Wenn die Ziele in dieser Form abgesichert sind, dann ist es wichtig, in Bezug auf diese Ziele dort Transparenz zu schaffen, wo Sie entweder von anderen bei der Zielerreichung unterstützt werden können oder wo Sie von anderen abhängig sind.

2 IHRE EINZIGARTIGE PERSÖNLICHKEIT KENNEN

Was Sie bisher erreicht und wie Sie sich bisher positioniert haben, ist natürlich sehr stark abhängig von Ihrem Verhalten, beispielsweise Ihrem Vorgesetzten gegenüber, im Team bzw. innerhalb des Kollegenkreises oder – wenn Sie selbst Führungsaufgaben wahrnehmen – gegenüber Ihren Mitarbeitern. Als Verhalten werden alle wahrnehmbaren Aktivitäten einer Person bezeichnet. Jeder Mensch hat seine individuellen persönlichen Verhaltensmuster und ist damit eine einzigartige Persönlichkeit.

Wenn Sie künftig noch mehr als bisher bewirken wollen, wird Ihnen das vor allem dann gelingen, wenn Sie Ihr eigenes Verhalten generell – aber vor allem in bestimmten Schlüsselsituationen – sehr bewusst und gezielt steuern können. Voraussetzung hierfür ist zunächst einmal, sich und sein bisheriges Verhalten richtig einschätzen zu können. Also auch hier wieder erst ein paar analytische Schritte, um dann künftig bewusster erfolgreicher handeln zu können.

2.1 Wie verhalte ich mich in bestimmten Rollen?

sich rollenspezifische Verhaltensweisen bewusst machen

Wir alle spielen tagtäglich unterschiedliche Rollen, ohne dass wir uns darüber besondere Gedanken machen würden. Zu jeder Rolle gehören bestimmte Verhaltensweisen, die wir uns im Laufe der Zeit zugelegt und beibehalten haben, weil wir damit gut zurechtgekommen sind. Die Verhaltensweisen in einzelnen Rollen können sehr unterschiedlich sein, ohne dass daran irgend etwas negativ wäre. Es liegt auf der Hand, dass man sich seinem direkten Vorgesetzten gegenüber anders verhält als wenn man es beispielsweise mit dem obersten Manager des Unternehmens zu tun hat. Und wiederum deutlich anders wird man sich im Kontakt mit Kollegen auf der gleichen Ebene verhalten. Aber auch da wird es wiederum Unterschiede geben, die beispielsweise damit zu tun haben, wie lange wir den Einzelnen bereits kennen oder wie wir seine Fachkompetenz beurteilen.

Situationsunabhängig gibt es natürlich in allen Rollen persönlichkeitsbedingte Ähnlichkeiten beziehungsweise jeweils individuelle Verhaltensmuster.

Wie verhalten Sie sich Ihrem Vorgesetzten gegenüber?

In Bezug auf unsere Thematik soll es hier primär um folgende Fragen gehen:

- Wie verhalten Sie sich Ihrem Vorgesetzten gegenüber?
- Was erreichen Sie konkret mit diesem Verhalten?
- Was erschweren oder verhindern Sie damit gegebenenfalls?
- Wie können Sie sich Erfolg versprechender verhalten, ohne dass Sie sich dabei selbst verleugnen müssten?

Nur beobachtbares Verhalten lässt sich beurteilen

Lässt sich das komplizierte und komplexe menschliche Verhalten überhaupt zuverlässig einschätzen? Natürlich wird es hier immer Unsicherheiten und Unschärfen geben. Wenn Sie sich aber konsequent auf das beobachtbare Verhalten konzentrieren, werden Sie mit hoher Treffsicherheit in der Lage sein, das eigene Verhalten und das anderer – z. B. das Ihres Vorgesetzten – zutreffend einzuschätzen.

Eine bestimmte Verhaltensdisposition hat immer zwei polar entgegengesetzte Ausprägungen

Verhaltensweisen lassen sich gut am Beispiel der »zwei Seiten einer Medaille« darstellen: Es gibt immer zwei Verhaltensweisen, die polare Gegensätze einer bestimmten Verhaltensdisposition darstellen.

Nehmen Sie an, zwei gute Freunde gehen regelmäßig in ihre Lieblingskneipe. Sie haben vereinbart, jeweils abwechselnd die Rechnung zu übernehmen. Der eine ist grundsätzlich ein eher sparsamer Mensch, der andere vom Typus eher großzügig. Jeder hält natürlich die eigene Art mit Geld umzugehen für die richtige. Einen Rechnungsbetrag von 93 DM wird der Sparsame nun vielleicht auf 95 DM aufrunden, wogegen der Großzügige auf seinen Hundertmarkschein überhaupt kein Wechselgeld möchte. Die Freunde werden ihr gegensätzliches Verhalten zwar tolerieren, aber doch im Stillen mit Urteilen wie »geizig« oder »verschwenderisch« belegen.

Verhalten, das als Gegensatz zu den eigenen Vorstellungen erlebt wird, wird meist negativ bewertet

Offensichtlich neigen wir dazu, ein Verhalten, das wir als Gegensatz zu unseren eigenen Vorstellungen erleben, negativ zu bewerten. Der Sparsame beurteilt den Großzügigen als Verschwender – der Großzügige beschreibt den Sparsamen als geizig. Selten wird jemand polar entgegengesetzte Verhaltensweisen gleich ausgeprägt praktizieren, meist überwiegt die eine oder die andere Tendenz.

Natürlich kann es sein, dass die Sparsamkeit eines Menschen so stark ausgeprägt ist, dass man auch bei »objektiver« Betrachtung von Geiz sprechen wird. So gesehen stellt sich eine als negativ beurteilte Verhaltensweise als Übertreibung einer positiven Eigenschaft dar – also als ein »zu viel des Guten«.

Aus diesem »Polaritätsprinzip« ist das im Folgendem dargestellte Einschätzungsschema abgeleitet. Die Konzentration auf zwei grundlegende, einander polar entgegengesetzte Verhaltenstendenzen ermöglicht es Ihnen, sich selbst wesentlich besser kennen und verstehen zu lernen, indem Sie versuchen, Ihr Verhalten auf einer angenommenen Skala zwischen den Extremen einzuordnen. Gleichzeitig werden Sie auch wesentlich besser in der Lage sein, andere Menschen einzuschätzen und mit ihnen umzugehen.

Versuchen Sie, Ihr Verhalten auf einer angenommenen Skala zwischen den Extremen einzuordnen

Natürlich vereinfacht dieses Modell manches – das Verhalten im wahren Leben ist natürlich wesentlich komplexer. Aber gerade die Reduktion komplexer Zusammenhänge und Strukturen auf ein einfaches Modell ist erfahrungsgemäß für ihr Verständnis und die Praxisbewältigung sinnvoll.

Verhaltenstendenz 1: eher offensiv oder eher defensiv?

Offensive, extrovertierte Menschen verhalten sich direkt, sie werden schnell selbst aktiv und warten nicht darauf, dass andere etwas initiieren; sie ergreifen schnell das Wort, sprechen meist recht schnell, durch lauteres Sprechen signalisieren sie unbewusst, dass sie nicht unterbrochen werden möchten, durch eindringliches Sprechen lassen sie erkennen, dass sie von ihrer Meinung überzeugt sind und keinen Widerspruch wollen, sie sind redegewandt und ausdrucksstark, sie bilden sich schnell eine Meinung und vertreten diese bestimmt, sind aber auch offen für neue Ideen. Sie setzen sich und anderen ambitionierte und herausfordernde Ziele, bringen diese zur Sprache, setzen sich klar und fordernd für die Akzeptanz dieser Ziele ein und verfolgen sie engagiert auch gegen Widerstände.

selbstbewusstes, herausforderndes Engagement

Defensive, introvertierte Menschen verhalten sich dagegen eher ruhig und unauffällig, sie hören aufmerksam und konzentriert zu, reflektieren das Gehörte und denken erst nach und wägen sorgfältig ab, bevor sie sich eine Meinung bilden und diese äußern, sie lassen Dinge gern in einer abwartenden Haltung auf sich zukommen; sie sind zurückhaltend und

zurückhaltende und sorgfältige Reflexion

vorsichtig in ihren Äußerungen, ihre Sprache ist leiser, sie stellen vorsichtige Fragen, wenn ihnen etwas unklar ist und lassen sich unterbrechen, wenn andere ihnen ins Wort fallen, bei Zielen sind ihnen der Weg zum Ziel und die Art und Weise der Zielerreichung sehr wichtig; sie konzentrieren sich eher auf die Prozesse.

Verhaltenstendenz 2: eher aufgaben- oder eher beziehungsorientiert?

sachorientierte Konsequenz

Aufgabenorientierte Menschen konzentrieren sich in erster Linie auf die sachlichen Aspekte. Deshalb versuchen sie auch, Emotionen möglichst zu vermeiden oder zu ignorieren und sind irritiert, wenn statt einer sachlichen Diskussion Gefühle die Oberhand gewinnen. Effektivität und Zielorientierung sind ihnen wichtige Prinzipien – Zahlen, Daten und Fakten zählen. Was um sie herum vorgeht, nehmen sie tendenziell eher durch eine kritische Brille wahr, sie haben einen Blick, der gut geschärft ist für vorhandene und für potenzielle Risiken und richten ihr Handeln konsequent danach aus.

vertrauensvolle Beziehungen zu anderen

Beziehungsorientierung drückt sich in einer Ausrichtung auf die zwischenmenschlichen Aspekte aus. Diesen Menschen sind gute und vertrauensvolle Beziehungen zu anderen wichtig. Sie schätzen ein harmonisches Umfeld und tragen selbst viel dazu bei, dass es harmonisch und friedlich zugeht. Sie versuchen, Streit zu vermeiden – entweder dadurch dass sie eher mal nachgeben oder dadurch, dass sie die Gemeinsamkeiten betonen und die Chancen herausstellen. Das fällt ihnen deshalb leicht, weil sie als vorherrschende Tendenz mit einer grundsätzlich optimistischen und positiven Einstellung zu Ihren Mitmenschen und ihrer Umwelt durch das Leben gehen. Wenn es einmal kontrovers wird, fühlen sie sich nicht recht wohl – erst wenn es wieder friedlich wird, sind sie wieder motiviert und handlungsfähig.

Kombiniert man diese Tendenzen miteinander, ergeben sich die in Abb. 2.1 dargestellten vier Verhaltensgrundmuster.

Der aktive Durchsetzer: offensiv und aufgabenorientiert

Menschen, die sich schnell und sicher eine Meinung bilden und diese mit markanter Entschlossenheit vertreten und dabei bereit sind, ihre Wünsche und Vorstellungen auch gegen

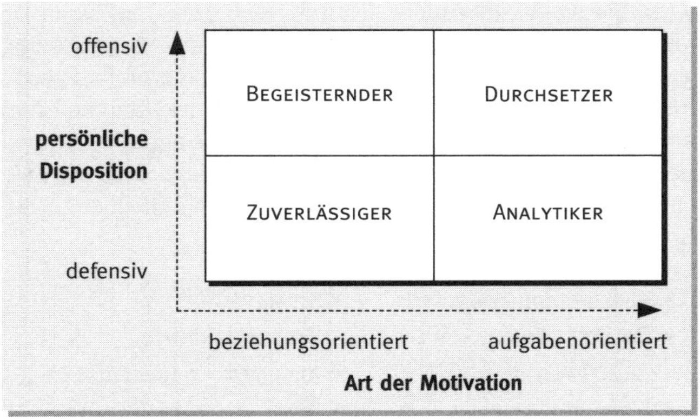

Abb. 2.1: Die vier Verhaltensgrundmuster

pragmatische Lösungen schnell durchsetzen

Widerstände durchzusetzen und für ihre Überzeugungen zu kämpfen. Sie sind tendenziell eher ungeduldig und zielen auf schnelle Ergebnisse ab. Sie diskutieren nicht gerne über Probleme, sondern wollen schnelle Lösungen. Dabei bevorzugen sie pragmatisches und einfaches Vorgehen. Sie argumentieren kurz und bündig in einem Ton, der deutlich macht, dass Widerspruch unerwünscht ist und wenn, dann sorgfältig durchdacht sein sollte. Gegenargumente wischen sie auch schnell mit einem kurzen und klaren Nein vom Tisch.

Kernkompetenzen des aktiven Durchsetzers

- WILLENSSTÄRKE
- ENTSCHLOSSENHEIT
- MEINUNGSFESTIGKEIT
- DIREKTHEIT
- DURCHSETZUNGSFÄHIGKEIT
- WETTBEWERBSORIENTIERUNG
- UNABHÄNGIGKEIT
- PRAGMATISMUS
- BEHARRLICHKEIT
- KONSEQUENZ

Der Begeisternde: offensiv und beziehungsorientiert

Lösungen optimistisch gemeinsam in Angriff nehmen und umsetzen

Menschen, die mit einem ausgeprägten und nahezu unerschütterlichen Optimismus ausgestattet sind und voller Ideen und Engagement stecken. Sowohl für ihre eigenen als auch für die Ideen anderer können sie sich schnell begeistern. Wenn etwas zu tun ist, ergreifen sie schnell die Initiative und sorgen dafür, dass es gemeinsam angepackt und umgesetzt wird. Sie wollen ihre Ideen nicht für sich behalten, wenn sie von etwas überzeugt sind, übertragen sie ihre Begeisterung gerne und engagiert auch auf andere. Sie sind einflussreich, nicht zuletzt, weil sie über eine gute Ausdrucksfähigkeit und eine ansteckende Begeisterung verfügen. Sie ergreifen schnell das Wort und geben es auch nicht so schnell wieder her; sie sind recht gesprächig und verwenden die Möglichkeiten der Sprache in einer großen Bandbreite.

Kernkompetenzen des Begeisternden

- Begeisterungsfähigkeit
- Überzeugungsfähigkeit
- Idealismus
- Einflussnahme
- Optimismus
- Flexibilität
- Redegewandheit
- Argumentationsfähigkeit
- Positive Grundhaltung
- Kreativität

Der Zuverlässige: defensiv und beziehungsorientiert

gemeinschafts-orientiert und loyal

Menschen, die beständig und zuverlässig sind, sich anpassen und einfügen. Sie akzeptieren Aufträge von Vorgesetzten, aber auch von Kollegen und Kunden und anderen, wenn sie plausibel begründet sind und setzen sie dann auch überzeugt um. Aufgrund ihrer ausgeprägten Hilfsbereitschaft werden sie auch gerne und schnell »eingespannt«; wer an ihre Hilfsbereitschaft appelliert, wird auch meistens ein offenes Ohr finden. Loyalität ist für sie ein wichtiger Wert; in ihrem Engagement und ihrer Einsatzbereitschaft sind sie sehr beständig.

Kernkompetenzen des Zuverlässigen

- Hilfsbereitschaft
- Freundlichkeit
- Harmonieorientierung
- Geduld
- Toleranz
- Leidensfähigkeit
- Kollegialität
- Zurückhaltung
- Loyalität
- Beständigkeit

Der genaue Analytiker: defensiv introvertiert und aufgabenorientiert

Menschen, denen Genauigkeit und Ernsthaftigkeit wichtig sind. Auf neue Aufgaben bereiten sie sich gut und systematisch vor. In neuen Situationen sind sie vorsichtig und analysieren sie detailliert. Sie sind beherrscht und empfindsam. Ihre Entscheidungen und Meinungen sind sachlich und inhaltlich mehr als ausreichend abgesichert, weil sie sich vor einer Entscheidung oder einer Meinungsbildung sorgfältig mit Zahlen, Daten und Fakten befasst haben. Aufgrund ihrer Vorliebe für Details sind sie eher Spezialist als Generalist.

sachlich und inhaltlich ausreichend absichern

- ERNSTHAFTIGKEIT
- GENAUIGKEIT
- PRÄZISION
- GRÜNDLICHKEIT
- DETAILLIERTES VORGEHEN
- ANALYTISCHES DENKEN
- KORREKTHEIT
- VORSICHT
- AUSDAUER

Kernkompetenzen des genauen Analytikers

Wahrscheinlich haben Sie sich in einigen Beschreibungen wiedergefunden. Wenn Sie von den aufgeführten Kernkompetenzen jeweils die markieren, die für Sie persönlich prägend sind, können Sie sich in diesem Modell besser einstufen. Dort, wo Sie die meisten Kernkompetenzen als für sich zutreffend markiert haben, liegt auch der wirksamste Teil Ihres Verhaltens. Natürlich verfügen die meisten Menschen über eine gesunde Mischung der oben beschriebenen Typisierungen. Allerdings in unterschiedlicher Intensität – eine Verhaltensdisposition dominiert meistens und wird damit zur Grundtendenz.

Welcher Grundtendenz neigen Sie zu?

3 Selbsteinschätzung am konkreten Beispiel

Eine Situation, wie sie häufig vorkommen kann: Nehmen Sie an, Sie haben viel Arbeit auf dem Tisch, darunter noch Aufgaben, die unbedingt heute noch fertig werden müssen und die Zeit bis zum Feierabend wird langsam knapp. Nur wenn Sie jetzt konsequent an Ihren Aufgaben bleiben können, werden Sie gerade noch rechtzeitig aus dem Geschäft kommen, um einen wichtigen privaten Termin wahrnehmen zu können. Die Tür geht auf – Ihr Vorgesetzter kommt ins Zimmer und hält eine Akte in der Hand: *»Ich habe hier einen wichtigen Auftrag – das muss heute noch bearbeitet werden – ich schätze mal, dass das in etwa einer dreiviertel Stunde zu bewältigen ist. Denken Sie, Sie schaffen das?«*

Wie reagieren Mitarbeiter, bei denen eine Verhaltenstendenz deutlich ausgeprägt ist?

Wie reagieren Mitarbeiter, bei denen jeweils eine der oben beschriebenen Tendenzen deutlich ausgeprägt ist? Die folgenden Beispiele sollen bewusst überzogen jeweils eine Tendenz beispielhaft abbilden. Natürlich spielt in der Realität die immer gegebene Mischung der vier Tendenzen eine Rolle – in »Reinkultur« werden Sie nur sehr stark ausgeprägte Tendenzen wahrnehmen. Außerdem hängt die Reaktion des Mitarbeiters natürlich von der Verhaltenstendenz des jeweiligen Vorgesetzten ab. Hier also einige bewusst eindimensional und plakativ gehaltene Situationsbeschreibungen mit dem Ziel, dass Sie gewissermaßen vor der Folie der vereinfachten Darstellung Ihre eigenen Verhaltenstendenzen besser abbilden und erkennen können.

3.1 Der aktive Durchsetzer

Er wird ohne lange zu zögern dem Vorgesetzten erst einmal Kontra geben – wahrscheinlich mit eher gereiztem und ärgerlichem oder zumindest ungehaltenem Unterton: *»Das ist heute beim besten Willen nicht mehr zu schaffen – ich habe noch andere wichtige Dinge auf dem Tisch, die auch heute fertig werden sollen – außerdem sehe ich offen gesagt nicht ein, dass ich heute schon wieder einen wichtigen privaten Termin sausen lasse. Seit wann ist denn dieser neue Auftrag bekannt – warum erfahre ich das wieder erst in letzter Minute?«* Dann wird er aber schnell wieder sachlich werden und Lösungen vorschlagen: *»Sie sollten das am besten dem Kollegen Meier geben – der müsste das doch noch gut schaffen – im Moment hat er ohnehin nicht übermäßig zu tun und soweit ich weiß auch keine dringenden Sachen auf dem Tisch. Oder ich lasse das Projekt XY liegen und mache es erst morgen fertig – aber das müssten Sie entscheiden.«*

Vorteile des Verhaltens

Was der aktive Durchsetzer damit erreichen wird, ist

- das Vermeiden von Zeitdruck,
- darüber hinaus vielleicht auch Akzeptanz beim Vorgesetzten aufgrund seiner Geradlinigkeit und
- Anstöße für eine positive Veränderung der Situation zu geben – ein einsichtiger Vorgesetzter wird künftig darauf achten, dass solche außerplanmäßigen Anforderungen nur in wirklich unvermeidbaren Fällen eintreten.

Risiken des Verhaltens

Das Risiko dabei ist allerdings, dass

- er beim Vorgesetzten das Image eines problematischen Mitarbeiters bekommt, der immer wieder einmal unnötige Schwierigkeiten macht,
- interessante Sonderaufgaben an ihm vorbeigehen,
- er zukünftig weniger Möglichkeiten haben wird, sich durch besondere Leistungen zu profilieren.

3.2 Der Begeisternde

Geht nicht, gibt's nicht, ist seine Devise. Er wird daher zunächst einmal annehmen, dass die zusätzliche Arbeit irgendwie zu schaffen sein müsste: »*Das wird nicht so einfach – aber irgendwie müssen wir das wohl hinkriegen. Vielleicht sollten wir uns mal alle zusammensetzen und dann auch grundsätzlich klären, ob wir nicht ein System entwickeln, wie wir in solchen Situationen untereinander besser koordinieren können – dann könnten wir auch künftig solche kurzfristigen Engpässe besser handeln. Denn das kommt ja doch recht häufig vor. Oder wir sollten unseren täglichen Jourfixe wieder aufleben lassen, dann wäre sichergestellt, dass wir uns früher auf solche Extraaufgaben einstellen können. Jetzt im Moment werde ich einfach das Projekt XY liegen lassen – da muss ich eben der Abteilung AB klar machen, dass da etwas Wichtigeres dazwischen gekommen ist und dass wir das dann wieder aufholen werden. Also geben Sie mal her – irgendwie werde ich das schon schaffen!*«

Vorteile des Verhaltens

Er kann damit erreichen, dass

- er als aktiv und engagiert wahrgenommen wird,
- sein Engagement ideell honoriert und anerkannt wird,
- seine Ideen aufgegriffen werden, um künftig besser auf solche Situationen eingestellt zu sein.

Risiken des Verhaltens

Er riskiert damit allerdings auch, dass er

- mit seiner eigentlichen Arbeit in Rückstand kommt, weil er sich oft zuviel vornimmt und zutraut,
- oft in ausweglosen Situationen als »Retter« eingesetzt wird,
- als unzuverlässig gilt, weil er sich oft zu viel vornimmt und damit auch manches doch nicht schafft.

3.3 Der Zuverlässige

Getreu seiner ausgeprägten Loyalität und Hilfsbereitschaft wird die oberste Maxime des Zuverlässigen sein, dass er das nun entstehende Problem im Interesse aller irgendwie lösen muss. Er wird keine langen Diskussionen führen, weil er weiß, dass er sich ohnehin gegen die Argumente des Vorgesetzten nicht nachhaltig wehren kann und deshalb letztlich nachgeben wird. Also wird er den Auftrag annehmen und vielleicht beiläufig auf die Situation hinweisen: *»Ja, ich sehe, dass das wichtig und dringend ist – ich werde dann eben ein bisschen länger bleiben müssen – aber das ist kein großes Problem für mich.«* Innerlich wird er allerdings eher seufzend und mit leichter Resignation feststellen, dass es an sich besser gewesen wäre, Nein zu sagen – andererseits sagt er sich aber auch, dass es nun mal seine Aufgabe und ein Gebot der Loyalität ist, Aufträge auszuführen, ohne sie unnötig in Frage zu stellen. Und wenn er es nicht macht, dann muss es schließlich ein anderer tun. So wird ihm niemand nachsagen können, dass er nicht kollegial und hilfsbereit sei – und das ist ihm schließlich sehr wichtig.

Vorteile des Verhaltens

Der Zuverlässige wird

- sich so das Wohlwollen seiner Vorgesetzten erwerben,
- aufgrund seiner Hilfsbereitschaft Akzeptanz und Beliebtheit im Kollegenkreis genießen,
- als Ansprechpartner und Helfer in schwierigen Situationen gefragt sein.

Risiken des Verhaltens

Kritische Konsequenzen aus dieser Tendenz können sein

- sich selbst zu überfordern,
- permanent zu hohem Arbeitsdruck ausgesetzt zu sein,
- wenig Marketing in eigener Sache machen und wenig Transparenz über die wirkliche Leistung geben zu können, weil er kaum über die hohe Auslastung sprechen wird.

3.4 Der genaue Analytiker

Kann man das nicht besser planen – kann man nicht dafür sorgen, dass nicht ständig solche Überraschungen eintreten – sieht man denn nicht, dass durch solche Schnellschüsse die notwendige Qualität in der Ausführung gefährdet ist? Gerade als Vorgesetzter müsste man das doch besser im Griff haben! Solche Fragen stellt sich der Analytiker – seinem Vorgesetzten gegenüber wird er dies jedoch kaum äußern, sondern den Auftrag annehmen, dabei aber schon erkennen lassen, dass es ihm nicht recht ist. Dann wird er auch einiges an Zeit in die Frage investieren, was alles zu tun ist und wie er den Auftrag trotz Zeitdruck mit der Genauigkeit und Präzision erledigen kann, die ihm doch so wichtig ist.

Vorteile des Verhaltens

Damit erreicht der Analytiker

- eine korrekte Aufgabenerfüllung mit hoher Qualität in fehlerfreier Form,
- Vermeiden von Nacharbeiten und Korrekturen,
- ein positives Image, wenn es um Genauigkeit und Richtigkeit geht.

Risiken des Verhaltens

Gleichzeitig riskiert er aber auch

- dass die wirklich interessanten und Image fördernden Aufgaben an ihm vorbeigehen,
- Kritik seiner Vorgesetzten mit Blick auf den durch die Genauigkeit investierten hohen Zeitaufwand,
- Rückstände und damit Zeitdruck bei der Erledigung von besonders wichtigen Aufgaben.

3.5 Chancen und Risiken

Im situationsgerechten Ausspielen der beschriebenen Kernkompetenzen stecken Ihre Erfolgspotenziale

Im situationsgerechten Ausspielen der beschriebenen Kernkompetenzen stecken Ihre Erfolgspotenziale. Wenn diese Kernkompetenzen allerdings sehr markant ausgeprägt sind, werden sie von anderen eher negativ gesehen.

- Der aktive Durchsetzer gilt aus Sicht anderer oft als beherrschend und autoritär.
- Der Begeisternde wird von anderen als sprunghaft und manipulierend eingestuft.
- Den Zuverlässigen bewerten andere als unselbstständig, inflexibel und manipulierbar.
- Den genauen Analytiker sehen andere als Pedanten und auch als Bremser.

4 Mehr aus sich machen – sich bewusst weiterentwickeln

Achten Sie auf Ausgewogenheit in Ihrem Verhaltensrepertoire

Trauen Sie Ihren Stärken und setzen Sie diese gezielt ein. Achten Sie aber auch auf Ausgewogenheit in Ihrem Verhaltensrepertoire. Es ist ja auch vollkommen natürlich, dass man die Methoden, mit denen man mehrmals erfolgreich war, immer wieder einsetzt. Schließlich bietet das die Grundlage dafür, immer wieder einen ähnlichen Erfolg zu initiieren. Bedenken Sie aber: Je mehr eine Stärke ausgeprägt ist und je stärker Sie auf eine Kernkompetenz bauen, um so weniger bleibt Raum für die in den anderen Persönlichkeitsmerkmalen steckenden Potenziale. Wenn Sie die anderen Fähigkeiten zu wenig einsetzen, kommen Sie »aus der Übung«. Wenn es an Übung mangelt, dann besteht das Risiko, dass man die betreffende Fähigkeit unbewusst verliert und dass sie letztlich untergeht. Die Gefahr der Einseitigkeit ist dann nicht zu unterschätzen – letztlich wird man dann auch sehr gut einschätzbar für andere und damit gegebenenfalls auch manipulierbar.

Vermeiden Sie einseitiges und zu stark ausgeprägtes Verhalten

Ein weiterer Effekt ist dann, dass aus einem »zu viel des Guten« eine Schwäche wird, weil jedes überbetonte Verhalten von anderen eher negativ gesehen wird. Sie würden sich dann unnötige Gegenwehr und Ablehnung einhandeln. Daraus folgt dann die Konsequenz, dass Sie viel Energie auf das Überwinden von Widerständen richten müssen, die mit der jeweils in Frage stehenden Sache wenig zu tun haben.

Lern- und Entwicklungswege für die einzelnen Verhaltensdispositionen …

Deshalb ist es bei den genannten Grundmustern auch immer wichtig, sich bewusst zu sein, wo jeweils bei zu starker Ausprägung die Stolpersteine und Hindernisse liegen. Diese Defizite signalisieren Ihnen recht genau Ihre persönlichen Lern- und Entwicklungswege:

… der aktive Durchsetzer

Der aktive Durchsetzer verfügt schon über eine Vielfalt an Verhaltensweisen, mit denen er auf sich und seine Interessen aufmerksam macht. Seine klare Zielorientierung kommt ihm eindeutig zugute – seine Bereitschaft, Konflikte einzugehen und auszutragen ist eine gute Basis für sein Vorwärtskommen. Nichtsdestotrotz sollte er darauf achten, besser zuzuhören, um mehr über die Sichtweise anderer zu erfahren.

Wenn er sich auch mehr auf die Mitmenschen konzentriert, seine Absichten geduldiger und umfassender erläutert und wenn er sich grundsätzlich mehr an Offenheit und Warmherzigkeit erlaubt, werden sich ihm manche der Türen auftun, die er bisher mit großer Kraftanstrengung vergeblich versuchte zu öffnen.

... der Begeisternde

Der Begeisternde erreicht viel mit seiner emotionalen und begeisterungsfähigen Grundtendenz. Aber auch er kann mehr aus sich machen. Dazu gehört beispielsweise die Fähigkeit, seine Spontaneität auch einmal zu begrenzen und sich auf wenige aber wichtige Ziele mit hoher Konsequenz zu konzentrieren, statt sich immer wieder neue Ziele zu setzen. Auch der Begeisternde darf lernen, mehr zuzuhören und manchmal das Tempo etwas zu reduzieren.

... der Zuverlässige

Der Zuverlässige kommt unauffällig vorwärts, vorausgesetzt dass er von anderen wahrgenommen und gefördert wird. Nachdem das aber nicht immer der Fall ist, wird es für ihn wichtig, dass er öfter selbst initiativ wird und beispielsweise Entscheidungen selbstständig trifft oder ausstehende Entscheidungen einfordert. Er darf seiner Geduld auch bewusst Grenzen setzen, sich nicht alles gefallen lassen und auch einmal Unzumutbares ablehnen. Auch im Umgehen mit Konfliktsituationen kann er eine aktivere Rolle übernehmen und außerdem öfter einmal sein Tempo beschleunigen.

... der genaue Analytiker

Der genaue Analytiker wird aufgrund seiner Vorsicht keine unkalkulierbaren Risiken eingehen. Allerdings sollte auch er sich weiterentwickeln. Dazu gehört die Orientierung nach vorne – auf das Ziel – und nicht so sehr der Blick zurück. Auch er kann seine Intuition entwickeln und lernen ihr zu vertrauen. Besonders wichtig werden für ihn klare Prioritäten nach dem Kriterium der Wichtigkeit und der Mut zu mehr Offenheit und Flexibilität.

Teil D Die Psychologie tief greifender Veränderungen

1 Welche Karten bringen wir selbst ins Spiel?

Wie können wir uns selbst zu einem möglichst günstigen Verhalten motivieren?

Wenn es um Veränderungen geht, richten wir gerne zuerst den Blick auf den anderen – beispielsweise auf den Vorgesetzten, der sein Führungsverhalten ändern sollte. Manchmal vergessen wir dabei, dass wir selbst auch in jeder Konfliktsituation unsere eigenen Karten mit ins Spiel bringen und damit den Spielverlauf beeinflussen. In den folgenden Ausführungen soll es daher zunächst einmal um den eigenen Anteil gehen – um die Frage, wie wir uns in schwierigen Situationen selbst positionieren, wie wir uns verhalten und natürlich um die Frage, wie wir uns selbst zu einem möglichst günstigen Verhalten motivieren können.

1.1 Veränderungsebenen bewusst unterscheiden können

Veränderungen finden auf verschiedenen Ebenen statt – nach dem Motto »Vom einfachen zum Schwierigen« wird es in diesem Kapitel um besonders schwierige Veränderungsansätze gehen. Lassen Sie uns zunächst noch einmal die Unternehmerstrategie reflektieren (Teil A, Kap. 1.1.3). Im Sinne der Königswege dieser Strategie haben Sie einerseits die Möglichkeit, Situationen zu ändern oder auf andere Menschen dergestalt Einfluss zu nehmen, dass im Ergebnis bei ihnen Veränderungen – beispielsweise im Verhalten – eintreten.

auf andere verändernd einwirken

Verändern kann jedoch genauso bedeuten, dass Sie sich selbst verändern – zum Beispiel Ihr Verhalten teilweise verändern oder dass Sie es schaffen, eine an sich unbefriedigende Situation ohne negative Emotionen zu akzeptieren. Verändern kann letztlich auch bedeuten, dass jemand den Mut aufzubringt, aus einer negativen Situation herauszugehen – eine Versetzung zu initiieren oder sogar zu kündigen.

sich aktiv und bewusst selbst verändern

Das folgende Beispiel soll helfen, die verschiedenen Veränderungsebenen auseinander zu halten:

Ein Mitarbeiter hält die regelmäßigen internen Besprechungen für ineffektiv und beschließt, für mehr Effektivität zu sorgen.

EBENE 1: Als Grundlage für eine Veränderung eignet er sich das notwendige Know-how an: Er kauft sich ein Buch über die Durchführung von Besprechungen und sucht sich passende Tipps und Anregungen aus.

Wissensstand verändern, Know-how beschaffen

EBENE 2: Wenn er zu Beginn der nächsten Sitzung ein Flipchart mitbringt und in seiner üblichen sachlichen Art und Weise vorschlägt, die Tagesordnungspunkte dort zu notieren, dann setzt er an, den Kontext zu verändern.

Kontext verändern

EBENE 3: Nachdem dieser Vorstoß von seinem Vorgesetzten zunächst abgelehnt wird, beschließt er, den Versuch in anderer Form zu wiederholen. Er spricht mit dem Vorgesetzten vor der nächsten Sitzung unter vier Augen, zeigt ihm Ausschnitte aus dem Buch und überzeugt ihn mit einigen Argumenten davon, dass es für ihn hilfreich ist, wenn er den Ablauf der Besprechung testweise mit einem strukturierten Ablauf und einem Ergebnisprotokoll durchführt. Nun hat der Mitarbeiter sein Verhalten geändert – er bewegt sich auf der Verhaltensebene.

Verhalten verändern

EBENE 4: Sollte nun der Vorgesetzte sich zwar die Vorschläge angehört haben, aber bei der nächsten Sitzung das Flipchart wieder geflissentlich übersehen und das Meeting wie üblich abhalten, dann könnte es sein, dass der Mitarbeiter resigniert und für sich beschließt, »Das bringt ja alles nichts – hier ändert sich ja doch nichts«. Dann hat sich hier eine Veränderung der persönlichen Überzeugungen und der Grundeinstellungen ergeben.

innere Einstellung, Überzeugung verändern

Mit jeder Ebene steigt der Schwierigkeitsgrad. Sich das entsprechende Know-how anzueignen ist relativ leicht. Schwieriger wird es schon auf der zweiten Ebene – nämlich vom Wissen zum Handeln zu gelangen und das Wissen in geeigneten Situationen gezielt anzuwenden. Auf der dritten Ebene geht es darum, das eigene Verhalten – beispielsweise die Art und Weise, in der Sie argumentieren – kritisch zu reflektieren und es zu ändern, wenn sich herausstellt, dass bestimmte Verhaltensweisen nicht die gewünschte Veränderung bewirken. Die vierte Ebene ist am schwierigsten zu beeinflussen. Auf der Ebene der Einstellungen sind persönliche Überzeugungen und Prinzipien verankert, welche die anderen Ebenen sehr stark und nachhaltig beeinflussen – meist ohne dass es dem Betreffenden selbst bewusst ist. Wenn es gelingt, auf dieser Ebene ungünstige Einstellungen zu identifizieren und durch positive Haltungen zu ersetzen, sind Veränderungen wirklich nachhaltig abgesichert.

Wie können Sie ungünstige eigene Einstellungen erkennen und verändern?

Deshalb geht es in diesem Kapitel schwerpunktmäßig um die Frage, wie Sie ungünstige eigene Einstellungen erkennen und verändern können und damit eine Basis schaffen, die Ihren Erfolg nachhaltig verstärken wird.

1.2 Nur wenige Probleme sind rein sachlicher Natur

Zu Beginn dieses Buches sind beispielhaft Szenen aus dem beruflichen Alltag von drei Menschen beschrieben, die sich häufig in einer Opferhaltung bewegen (Teil A, Kap. 1.1.1). Beispielsweise der Mitarbeiter einer Bank, der überzeugt davon ist, dass das Arbeitsvolumen seiner Abteilung nur mit zusätzlichem Personal zu bewältigen ist, sich aber weigert, die Postenstatistik zu liefern, die von seinem Vorgesetzten als Voraussetzung für die Personalaufstockung gefordert wird.

Handelt es sich hier um ein rein sachliches Problem? Wenn dem so wäre, wäre es kaum verständlich, warum dieser Abteilungsleiter nicht zunächst die Zeit für die Postenstatistik investiert – schließlich ist er ja überzeugt, dass die Arbeit mit der momentanen Besetzung nicht zu schaffen ist. Obwohl die sachliche Lösung auf der Hand liegt, weigert er sich, diesen Weg zu gehen und verzieht sich lieber in den »Schmollwinkel«.

1.2.1 Das Kernproblem liegt oft auf der emotionalen Ebene

Der emotionale Anteil dominiert vielfach den rein sachlichen Aspekt des Problems

Bei vielen – vielleicht sogar bei den meisten – Problemen dominiert der emotionale Anteil den rein sachlichen Aspekt des Problems. Der rationale Teil beginnt in den Hintergrund zu treten – emotionales Erleben bestimmt die weitere Entwicklung und den Fortgang innerhalb dieses Problemszenarios. Ärger und Wut, Unsicherheit und Ratlosigkeit, Hilflosigkeit und Ohnmacht, Enttäuschung und Resignation sind oft die eigentlichen Ursachen dafür, dass es Menschen nicht gelingt, einzelne Probleme in den Griff zu bekommen.

innere Emigration und Rückzug

Aber gegen Gefühle kann man doch nichts machen, die sind einfach da – werden Sie vielleicht einwenden. Zumindest sind das die Einwände, die ich häufig im Zusammenhang damit höre, wenn jemand innerlich beschlossen hat, ein emotional belastendes Problem nicht mehr anzupacken. Ausgangspunkt dieser Argumentation ist dann meist eine Situation der Hilflosigkeit und Resignation, weil viele Versuche noch immer nicht den gewünschten Erfolg gebracht haben.

massive Unzufriedenheit und ständiger Ärger

Andere argumentieren, dass es schließlich auch wichtig ist, zu seinen Gefühlen zu stehen und sie auszuleben. Diese Argumentation greift meist dann, wenn massive Unzufriedenheit im Spiel ist und wenn Betroffene sich immer wieder über Unzulänglichkeiten herzhaft und intensiv ärgern.

Natürlich wäre es vollkommen unrealistisch, eine Situation anzustreben, in der ausschließlich sachliche Aspekte im Vordergrund stehen und Gefühle keinerlei Rolle mehr spielen sollten. Dieses Ideal der Stoiker im antiken Griechenland basierte auf einer einseitigen Sichtweise, zumindest wenn man versucht, eine Haltung der inneren Distanz auf jedes Gefühl und auf jede Situation anzuwenden.

Emotionen so weit einschränken, dass konstruktives Handeln nicht blockiert wird

Allerdings stellt sich die Frage, ob es nicht möglich und sinnvoll ist, die Intensität von Gefühlen so weit beeinflussen zu können, dass man zumindest in Problem- und Konfliktsituation konstruktiv und bewusst handeln kann. Sie können sich sicher an Situationen erinnern, in denen Sie beobachtet haben, wie andere von Emotionen gepackt in einer Art und Weise gehandelt haben, mit der sie gerade das Gegenteil von dem erreicht haben, was eigentlich ihre Zielsetzung war.

Wahrscheinlich haben Sie sich auch selbst schon so erlebt, dass Sie aus einer Emotion heraus ganz anders gehandelt haben, als Sie es vorhatten und als es – im Nachhinein betrachtet – sinnvoll und zielführend war. So liegt es auf der Hand: Wem es gelingt, auch in schwierigen und konfliktgeladenen Situationen ohne unnötige und hemmende Emotionen zu handeln, der wird letztlich mehr für sich und für andere erreichen können als derjenige, dessen Handeln immer wieder von ungünstigen Emotionen überlagert wird.

1.3 Arger macht alles nur noch ärger

Ein Mitarbeiter im Marketing hat sich im Laufe der Zeit immer wieder über Eingriffe seines Vorgesetzten geärgert, der ihm zunächst große Freiräume einräumt, aber dann von dem Mitarbeiter eigeninitiativ eingeleitete Maßnahmen ohne entsprechende Rücksprache modifziert oder gar völlig rückgängig macht. Einwänden des Mitarbeiters ist der Vorgesetzte nicht zugänglich und reagiert sachlich und distanziert.

Der Mitarbeiter hat sich im Laufe der Zeit immer wieder über diese Eingriffe seines Vorgesetzten geärgert – mittlerweile genügt ihm schon ein kleiner Anlass, um gewissermaßen von 0 auf 180 zu kommen. Ständig erlebt er Situationen, die ihn in seiner Einschätzung des untragbaren Führungsverhaltens seines Vorgesetzten nur bestätigen. Manchmal ist er wirklich so weit, dass er alles bisher Erreichte am liebsten aufgeben und sich eine andere Stelle suchen möchte.

Da er sich dieser Situation absolut nicht mehr gewachsen fühlt, beschließt er, ein grundlegendes Gespräch mit seinem Chef zu führen. In diesem Gespräch kommen die sorgfältig zurecht gelegten Argumente aber nicht zum Tragen, da sich an der distanzierten Art des Vorgestzten die lange angestaute Wut des Mitarbeiters entzündet und er statt sachlich zu bleiben, seinen Vorgesetzten mit persönlichen Vorwürfen belegt und dessen Führungsverhalten scharf kritisiert.

Da stellt sich schon die Frage, welche Konsequenzen es für den Mitarbeiter mit sich bringt, dass er es zugelassen hat, dass sein Ärger die Oberhand gewinnt. Ganz offensichtlich hat ihm sein Ärger sowohl in der konkreten Situation als auch generell in Bezug auf seinen beruflichen Erfolg und für seine persönliche Zufriedenheit überhaupt nichts Positives eingebracht. Ganz im Gegenteil:

- Das Verhalten des Vorgesetzten wird sich nicht ändern, sondern eher noch verfestigen.
- Mit seinen sachlichen und inhaltlichen Vorstellungen ist der Mitarbeiter kein Stück weitergekommen.

- Der Ärger frisst einen großen Teil seiner Energie, lähmt sein berufliches Engagement und beeinträchtigt sogar sein Privatleben.
- Seine bisher geradlinige Karriere erscheint ihm manchmal wertlos – er ist zunehmend bereit, das bisher Erreichte aufzugeben.
- Er ärgert sich auch darüber, dass es ihm bisher nicht gelungen ist, diese Situation in den Griff zu bekommen und macht sich Selbstvorwürfe.

Fazit ist also: Das Zulassen des Ärgers in dieser Situation hat keinerlei positive Effekte hervorgebracht. Also lässt sich daraus die Schlussfolgerung ableiten, dass Ärger offensichtlich immer dann eine subjektive Fehlreaktion ist, wenn er dazu führt, dass jemand eine Situation nicht beherrscht.

Die spannende Frage ist nun natürlich, ob – und wenn ja, wie – es möglich ist, in solchen Situationen anders, das heißt konstruktiv und lösungsorientiert zu handeln, ohne sich gefühlsmäßig selbst im Wege zu stehen.

Wie kann man konstruktiv handeln ohne sich gefühlsmäßig selbst im Wege zu stehen?

In einer derart von einer längeren Negativentwicklung und von aufgestauten Emotionen geprägten Situation wie im Beispiel des Marketingmitarbeiters müssen natürlich die Lösungsansätze fundiert und wirklich umsetzbar sein. Bevor es also um die Frage geht, wie man aus entsprechenden Konstellationen heraus konstruktiver handeln kann, müssen wir etwas tiefer in einige psychologische und auch philosophische Gedanken einsteigen.

1.3.1 Was könnten wir von dem alten Griechen Epiktet lernen?

»Es sind nicht die Dinge, die schlecht sind, sondern die Gedanken, die wir uns über die Dinge machen!« so wird Epiktet zitiert, der zur Schule der Stoiker gehörte. Die Stoiker – wie schon weiter oben angerissen – hatten sich das Ziel gesetzt, ihr Leben möglichst ohne Emotionen zu führen. Damit waren sowohl positive Emotionen wie Freude und Glück als auch negative wie Enttäuschung, Ärger, Trauer gemeint. Also eine durchaus kritisch zu beleuchtende Philosophie, wenn sie ein Leben völlig ohne Emotionen als erstrebenswerten Zustand darstellt.

»Es sind nicht die Dinge, die schlecht sind, sondern die Gedanken, die wir uns über die Dinge machen!«

Trotzdem können wir einiges von Epiktet lernen. Und zwar insbesondere in Bezug auf die Fragestellung, wie wir störende und hemmende Emotionen besser in den Griff bekommen können. Das Zitat von Epiktet setzt an den Gedanken an, die wir uns über Dinge machen. Und Tatsache ist, dass wir uns alle in einem permanenten Selbstgespräch befinden – uns gewissermaßen in einem »inneren Dialog« Gedanken über aktuelle, vergangene oder künftige Situationen machen.

Wir befinden uns gewissermaßen in einem permanentem Selbstgespräch, in dem wir die Dinge reflektieren

Nehmen Sie an, Sie geraten auf dem Weg zu einem wichtigen Termin in einen Stau. Im Verkehrsfunk haben Sie keinen Hinweis gehört. Nach 10 Minuten wird klar, dass es länger dauern wird. Über Ihr Handy haben Sie keine Netzverbindung. Wie würden Ihre Gedanken in dieser Situation laufen?

(a) »Ausgerechnet mir muss das passieren. Dabei ist dieser Termin doch besonders wichtig. Wahrscheinlich komme ich viel zu spät; mein Gesprächspartner wird verärgert sein – wenn er überhaupt auf mich wartet. Aus diesem Geschäft wird mit Sicherheit nichts werden. Ich bin sowieso immer vom Pech verfolgt.«

(b) »Das kann doch nicht wahr sein. Wahrscheinlich hat wieder irgendein Idiot da vorne einen unnötigen Unfall verursacht. Heute sind sowieso nur Idioten auf der Straße. Kein Wunder, dass es dann knallt. Ich muss jetzt wieder darunter leiden. Der Termin heute hat mir ohnehin nicht in meine Planung gepasst – aber der Kunde hat ja darauf bestanden. Das hat er nun davon, nun muss er eben auf mich warten.«

(c) »Noch besteht ja eine realistische Chance, pünktlich zu kommen. Eine halbe Stunde Pufferzeit hatte ich ja eingeplant. Jetzt warte ich mal ab – wenn es doch länger dauert, dann gehe ich mal ein Stück nach vorne oder nach hinten, bis ich Telefonempfang habe und rufe meinen Gesprächspartner an, um zu klären, was wir tun werden. Bis dahin kann ich ja die Zeit nutzen, um meine Terminplanung für die nächsten Tage durchzusehen.«

handlungsrelevante Konsequenzen der jeweils subjektiven Sicht der Dinge

Die möglichen und durchaus handlungsrelevanten Konsequenzen dieser jeweils subjektiven Sicht der Dinge wären völlig unterschiedliche.

(a) Würden Sie zur ersten Einstellung neigen, würden Sie sich logischerweise eher schlecht fühlen. Eine Mischung aus Resignation und Ärger über sich selbst würde Ihnen die Wartezeit schwer machen, möglicherweise würde Ihr Magen anfangen zu schmerzen. Wenn Sie doch noch zu Ihrem Termin kämen, wäre die Wahrscheinlichkeit groß, dass dieser bei weitem nicht so erfolgreich verliefe, wie Sie es mit einer positiven Einstellung schaffen würden.

(b) Sollten Sie zur mittleren Disposition tendieren, würden Sie sich herzhaft ärgern, auf dem Lenkrad herumtrommeln und ungeduldig darauf warten, dass der »blöde Stau« sich endlich auflöst. Während der Wartezeit würden Sie wenig Konstruktives tun können, nachdem Sie genug beschäftigt sind, sich über alle möglichen Dinge aufzuregen. Beim Gespräch mit Ihrem Kunden würde es Ihnen sehr schwer fallen, locker und entspannt aufzutreten.

(c) Würde Ihre subjektive Interpretation des Staus in Richtung der letzten Möglichkeit gehen, würden Sie die Zeit im Stau für eine sinnvolle Tätigkeit nutzen. Zwar wären Sie nicht glücklich darüber, dass Sie wieder einmal im Stau stehen dürfen, aber zumindest wären Sie emotional nicht im »roten« sondern eher im neutralen Bereich. Im Kundengespräch würden Sie – trotz eventueller Verspätung – einen positiven Einstieg finden und eine gutes und erfolgreiches Gespräch führen.

1.3.2 Mechanismen, die unsere Gefühle prägen

Die Art und Weise unseres inneren Dialogs entscheidet über unsere Gefühle

Offensichtlich begleiten wir also jede Situation gedanklich in Form eines inneren Dialogs. Die Art und Weise dieses Dialogs entscheidet über unsere Gefühle – zum Beispiel Ärger –, über unsere körperlichen Reaktionen – zum Beispiel steigende Pulsfrequenz – und über unser Verhalten bzw. unsere Handlungen – beispielsweise eine ruppige, verletzende Antwort.

Die Formel heißt dann vereinfacht: Denkst du negativ, dann werden auch deine Gefühle, deine Reaktionen und deine Handlungen negativ sein – denkst du neutral, dann bist du auch emotional im neutralen Bereich und handelst sachbezogen und konstruktiv und denkst du positiv, dann positionierst du dich auch emotional positiv und handelst entsprechend aktiv und zielorientiert.

Wenn Sie beim letzten Teil des vorigen Satzes zusammengezuckt sind und den Vergleich mit dem sog. »positiven Denken« im Sinne von Dr. Murphy befürchtet haben, dann brauchen Sie sich keine Sorgen machen, dass nun ein Votum für diese Art des positiven Denkens folgen wird. Unter positivem Denken möchte ich hier ein Denken verstehen und propagieren, dass auf realistischer Basis eine positive Tendenz verstärkt.

»Positives Denken« darf den Boden der Realität nicht verlassen, sonst führt es zu Selbstbetrug

In Bezug auf die Ansätze von Dr. Murphy und seinen Getreuen und Anhängern stelle ich kritisch die Frage nach der »Bodenhaftung«, denn positives Denken ohne eine realistische Basis kann nur zu einer unrealistischen Sichtweise und damit zu einem tendenziellen Selbstbetrug führen. Sie erinnern sich an die kritische Anmerkung zu dem Slogan »Change it – love it – leave it« (Teil A, Kap. 1.1.3) im Zusammenhang mit der bewussten Akzeptanz problematischer Situationen. »Love it« als Strategie, um nachhaltig in schwierigen Situationen bestehen zu können, das ist aus meiner persönlichen Sicht etliche Nuancen zu stark aufgetragen und entspricht eher einer Strategie der rosaroten Brille und des Ignorierens von Problemen. Oder anders gesagt: Ein sog. positives Denken, das sich völlig von der Realität entfernt hat, kann auch keine positiven Impulse für die Bewältigung dieser Realität geben.

1.3.3 Welche Art von Gedanken ist eigentlich negativ?

Um Strategien zu entwickeln, um auf der Basis einer positiven Tendenz unserer Gedanken konstruktiver handeln zu können, ist es wichtig, sich erst einmal die Hintergründe unseres inneren Dialogs zu betrachten und zu definieren, welche Gedanken letztlich ungünstig sind, weil sie uns unnötigerweise in negative Gefühle und ungünstiges Verhalten umdirigieren.

Überprüfen Sie die Wirkung Ihres inneren Dialoges

Drei entscheidende Fragen werden Ihnen helfen, die eigenen Gedanken kritisch zu überprüfen und Ihnen den Weg zu einer positiven Veränderung Ihrer Gedanken und damit Ihres Verhaltens zu ebnen:

1. Ist mein Gedanke realistisch?
2. Ist mein Gedanke angemessen?
3. Ist mein Gedanke hilfreich?

Gerade in problematischen und konfliktären Konstellationen befassen wir uns in unserem inneren Dialog zu erheblichen Teilen damit, dass wir Situationen, das Verhalten anderer, das eigene Verhalten und mögliche Lösungsstrategien bewerten und reflektieren. Wenn wir uns die Qualität dieser Bewertungen bewusst machen, wird deutlich, wo die Quellen für späteres, ungünstiges Verhalten liegen. Lassen wir den oben geschilderten Marketingmitarbeiter wieder als Beispiel dienen. Er beschreibt seine Situation gesprächsweise etwa wie folgt:

»Mein Vorgesetzter ist einfach unmöglich, es gibt keine Entscheidung, die ich getroffen habe, an der er nicht irgendetwas auszusetzen hatte. Sein Führungsverhalten ist in jeder Hinsicht untragbar und das ärgert mich maßlos.«

Oder nehmen wir als Beispiel den jungen Abteilungsleiter einer Versicherung (Teil A, Kap. 1.1.1), der als Vertreter der Opferhaltung seine Situation folgendermaßen beschrieb:

»Meine Mitarbeiter geben mir ständig das Gefühl, dass ich etwas falsch mache. Das sehe ich schon an ihrem Gesichtsausdruck. Unter diesen Umständen kann ich einfach die Abteilung nicht erfolgreich führen. So werde ich die Abteilungsziele nie erreichen.«

Lassen Sie uns diese Beschreibungen anhand der obigen drei Fragestellungen unter die Lupe nehmen.

Ist der Gedanke realistisch?

In den zitierten Situationsbeschreibungen wird eine ungünstige Richtung der Denkstrukturen deutlich, nämlich die Tendenz zu Übertreibungen und verabsolutierenden Formulierungen. Unser Marketingmitarbeiter behauptet in seinen gedanklichen Bewertungen, dass sein Vorgesetzter *keine einzige* seiner Entscheidungen akzeptiert habe und dass sein Führungsverhalten *ausschließlich* schlecht sei. Auf detailliertes Nachfragen hin räumte er allerdings ein, dass es durchaus auch positive Seiten am Führungsverhalten des Vorgesetzten gäbe.

Auch für den Mitarbeiter der Versicherung ist die Situation offensichtlich sehr belastend und störend, denn auch er neigt in seiner Beschreibung zu Übertreibungen: Er bewertet seine Führungssituation mittlerweile so, dass seine Mitarbeiter ihm *ständig* das Gefühl geben, etwas falsch zu machen. Auch dieser Gedanke erweist sich bei näherer Betrachtung als unrealistisch, denn was tatsächlich zu der ihn irritierenden Mimik seiner Mitarbeiter führte – eine für den Stil des Hauses noch ungewohnt mitarbeiterorientierte Art der Führung, hatte er bisher nie hinterfragt – in Gesprächen über seine Art der Führung erhielt er dann sogar recht positive Rückmeldungen.

Die Verantwortung für den inneren Dialog zu übernehmen ist der erste Schritt zu einer positiven Veränderung dieses Selbstgesprächs

Davon abgesehen wird natürlich auch ein weiterer grundlegender Irrtum deutlich: Tatsächlich geben ihm nicht seine Mitarbeiter das Gefühl, etwas falsch zu machen – sondern seine Gedanken und Vermutungen über das Verhalten seiner Mitarbeiter sind es, die ihn in ein Gefühl der Unsicherheit versetzen. Vorsicht Falle – wir neigen alle dazu, schnell anderen oder einer Situation die Verantwortung für unsere Gefühle zu geben. Tatsache ist aber, dass es in den allermeisten Fällen der innere Dialog ist, der zu einer ungünstigen Gefühlslage führt. Die Verantwortung für den inneren Dialog zu übernehmen ist der erste Schritt zu einer positiven Veränderung dieses Selbstgesprächs.

Ist der Gedanke angemessen?

Entspricht der Gedanke der jeweiligen Situation? Was lässt sich aus den beiden Fallstudien hierzu erkennen?

Der Marketingmitarbeiter beschreibt das Führungsverhalten seines Chefs generell als untragbar. Nachdem er jedoch sein Verhältnis zu seinem Vorgesetzten in manchen Situationen zwar als distanziert aber fast freundlich beschreibt, ist es sicher so, dass lediglich in ganz bestimmten Situationen das Verhalten nicht den Vorstellungen des Mitarbeiters entspricht. Andere Mitarbeiter hätten vielleicht mit dem gleichen Verhalten überhaupt kein Problem und könnten es akzeptieren.

Der Abteilungsleiter der Versicherung macht sich in seinen Gedanken erhebliche Sorgen über seine Erfolgsaussichten. Ist es wirklich angemessen, ohne ein klärendes Gespräch, lediglich aufgrund der als Skepsis interpretierten Mimik der Mitarbeiter, generell den angestrebten Erfolg als unmöglich zu erklären? Wohl kaum – also ist diese gedankliche Positionierung noch deutlicher als im vorhergehenden Beispiel nicht angemessen.

IST DER GEDANKE HILFREICH?

Kann die jeweilige Interpretation der Situation dazu verhelfen, sich im Sinne der Entschärfung der Problematik konstruktiv zu verhalten?

Der Marketingmitarbeiter gerät nach seinen Angaben derart »aus dem Häuschen«, dass er seinem Vorgesetzten patzige Antworten gibt und sich im Gespräch nach kurzem, heftigem Wortwechsel in eine trotzige, beleidigte Haltung zurückzieht und nichts mehr zu einer konstruktiven Auflösung der unangenehmen Situation beiträgt. Fazit: Die Gedanken waren nicht hilfreich – sie haben gerade das gegenteilige Verhalten bewirkt als das eigentlich angestrebte.

Auch dem Abteilungsleiter der Versicherung sind die Gedanken offensichtlich nicht hilfreich. Er ist häufig verunsichert und verwendet überdurchschnittlich viel Zeit auf die subjektive Auslegung der Situation. Er ist immer wieder bestrebt, den Kontakt zu seinen Mitarbeitern zu verbessern und vermeidet es deshalb beispielsweise, schwierige Aufgaben zu delegieren und erledigt sie statt dessen selber; dadurch werden seine Zeitprobleme zunehmend kritisch und die Erfüllung der Aufgaben wird tendenziell gefährdet.

SCHON EIN EINZIGES NEIN SIGNALISIERT VERÄNDERUNGSBEDARF

Die subjektive Auslegung der Situation so verändern, dass vor dem Hintergrund dieser Bewertung konstruktives Handeln möglich wird

Nun stellen diese beiden Beispiele sicherlich Situationen mit einem überdurchschnittlich hohen Schwierigkeitsgrad dar. Deshalb können in diesen Fällen sogar alle drei Fragen mit »Nein« beantwortet werden: Die subjektive Auslegung der Situation war weder realistisch, noch angemessen, noch hilfreich. So weit müssen Sie es allerdings gar nicht erst kommen lassen, denn schon ein einziges »Nein« auf eine der drei Fragen sollte einen ausreichenden Impuls liefern, um Ihre Gedanken so zu verändern, dass Sie sich und die Situation so weit in den Griff bekommen, dass Sie ein positives Ergebnis anstreben können.

1.4 Chancen und Risiken unserer Überzeugungen

Wenn wir im Rahmen der vorangegangenen Ausführungen die Gedanken betrachtet und analysiert haben, die zu ungünstigen Gefühlen und ungünstigem Verhalten geführt haben, müssen wir uns nun auch mit den Hintergründen dieser Gedanken befassen. Nur wenn Ihnen selbst bewusst ist, welche inneren Überzeugungen und Grundeinstellungen zu in einer bestimmten Situation ungünstigen Gedanken führen, ist eine tatsächliche und nachhaltige Veränderung möglich.

1.4.1 Unsere Überzeugungen als Bewertungs- und Messkriterien

Von welchen inneren Überzeugungen und Grundeinstellungen lassen wir uns leiten?

Wir alle haben einige fest verankerte Überzeugungen, die uns wichtig sind, unser Handeln bestimmen und damit einen wesentlichen Teil unserer Persönlichkeit ausmachen. Je größer die Bedeutung unserer Überzeugungen für uns ist, je eher wir dafür buchstäblich »auf die Barrikaden gehen« würden und je weniger wir bereit sind, sie in Frage zu stellen oder sie in Frage stellen zu lassen, desto stärker entsprechen sie in ihrer Wirkung den so genannten »Glaubenssätzen« oder Dogmen.

Vor dem Hintergrund dieser Glaubenssätze nehmen wir – bewusst oder unbewusst – unsere Umwelt kritisch unter die Lupe. Damit verbunden ist ein permanenter Abgleich, ob beispielsweise das Verhalten anderer unseren Überzeugungen entspricht oder inwieweit es unseren Vorstellungen widerspricht. Handeln andere Menschen nicht unseren Überzeugungen entsprechend, ist das ein Ausgangspunkt für unseren inneren Dialog – je fester unsere Überzeugungen sind, um so negativer wird dann auch unsere gedankliche Bewertung des Verhaltens anderer. Zu diesem Effekt finden Sie bereits in der Darstellung des Polaritätsprinzips einige grundlegende und auf Eigenschaften und Verhaltensmustern basierende Gedanken (Kap. 2 und 3).

Solche Dogmen – also Einstellungen, über die wir mit uns nicht reden lassen – tauchen auch in unserem inneren Dialog auf. Sie sind relativ einfach am Sprachgebrauch oder bestimmten Formulierungen erkennbar. Bei unseren beiden beispielhaft zitierten Mitarbeitern wurden im Gespräch unter anderem die folgenden Glaubenssätze deutlich:

Der Marketingmitarbeiter:

»Als Vorgesetzter muss man sich immer vorbildlich verhalten und die Entscheidungen von Mitarbeitern akzeptieren.«

»Wenn ein Auftrag delegiert ist, dann muss der Mitarbeiter die uneingeschränkte Entscheidungsbefugnis haben«.

»Ich muss prinzipiell in der Lage sein, meinem Vorgesetzten klar zu machen, dass er sich anders verhalten muss«.

Der Abteilungsleiter der Versicherung:

»Mitarbeiter müssen selbstständig und eigenverantwortlich handeln«.

»Ich muss mich als Vorgesetzter immer vorbildlich verhalten – ich darf nie ungehalten oder ärgerlich sein«.

»Die Firma muss mir die Voraussetzungen für optimale Arbeit bereitstellen«.

Die hier beschriebenen Überzeugungen gehen in – wie die Struktur unserer Glaubenssätze generell – in drei Richtungen; sie beschreiben:

- Anforderungen, die wir an andere stellen,
- Anforderungen, die wir an uns selbst stellen und
- Anforderungen, die wir an Rahmenbedingungen stellen.

Diese Anforderungen stellen die Messlatte dar, die wir als Maßstab für die Beurteilung von Personen und Situationen verwenden.

1.4.2 Wenn unsere Überzeugungen den Lösungen im Wege stehen

Starre Dogmen schränken die Handlungsfähigkeit ein

Es ist natürlich gut und wichtig, feste Überzeugungen zu haben und so Stellung zu beziehen und damit zu seinem individuellen Profil zu stehen. Allerdings schränken diese Überzeugungen unsere eigene Flexibilität und unsere Möglichkeiten, in schwierigen Situationen klar und sachbezogen zu handeln dann ein, wenn sie zu hoch oder zu dogmatisch angesetzt sind.

Bei der Betrachtung der oben zitierten Glaubenssätze fällt Ihnen sicher auf, dass sie

- sehr absolut formuliert sind (»immer«, »nie«, »uneingeschränkt«),
- in Verbindung mit dem Wort »müssen« formuliert sind.

Die Konsequenz aus solchen absolut formulierten Gedanken ist dann auch ein starres und damit ungünstiges Verhalten

Die Fixierung auf die eigenen Überzeugungen macht es schwer, auf den jeweiligen Konfliktpartner einzugehen

in der Konfliktsituation. Die Fixierung auf die eigenen Überzeugungen macht es schwer, auf den jeweiligen Konfliktpartner einzugehen und seine Sichtweise zu verstehen. In einer dogmatischen Grundausrichtung verharrend, fällt es auch schwer, locker und unverkrampft Optionen zu einer Konfliktlösung zu entwickeln oder Ansatzpunkte für einen möglichen Kompromiss zu entdecken.

Die Anforderungen, die wir an uns selbst stellen, sind immer dann eine tückische Falle, wenn wir damit unsere Ziele zu hoch ansetzen und uns dadurch unter zu hohen Druck setzen. Der Sportler, der beim Hochsprungtraining von vornherein die Latte deutlich höher legt als er sie bisher überspringen konnte, schafft sich auf diese Weise nur ein permanentes Frustrationspotenzial. Wenn er jedoch mit einer Höhe beginnt, die ihn zwar fordert, bei der er aber eine realistische Erfolgschance hat, dann wird er sich selbst wesentlich mehr Erfolgserlebnisse verschaffen können.

Auch im Umgang mit sich selbst sind Dogmen kontraproduktiv

Bei zu hoch angesetzten Erwartungen an das eigene Verhalten und die eigenen Fähigkeiten, wird es naturgemäß öfter der Fall sein, dass wir unseren eigenen Anforderungen nicht genügen können – die logische Folge ist Unzufriedenheit mit uns selbst.

Überzogene Anforderungen an die Rahmenbedingungen haben die gleiche Wirkung. Sie werden sich in dieser Form nicht umsetzen lassen. Daher werden die äußeren Bedingungen ständig eine Rechtfertigung für Unzufriedenheit bieten, was zur Folge hat, dass entweder eine Resignationstendenz Veränderungen verhindert oder dass jemand aus einer Aggressionstendenz heraus versucht, mit in der Situation ungünstigen Methoden Änderungen herbeizuführen.

1.4.3 Der »Muss-Turbo« und der »Frust-Turbo«

Alle mit einem »Muss« kombinierten Überzeugungen haben also gewissermaßen die gleiche Wirkung wie ein Turbolader: Er bewirkt, dass ein Motor durch zusätzlichen Druck seine reguläre Maximalleistung noch einmal deutlich steigert. Im übertragenen Sinne liegt die Tücke nun allerdings darin, dass dieser selbst erzeugte Turbo-Druck erfahrungsgemäß insbesondere die ungünstigen Gefühle und damit auch die ungünstigen Verhaltenstendenzen verstärkt.

An dieser Stelle setzt dann oft der zweite Turbo ein – ähnlich wie beim legendären Twin-Turbo – dem Sportwagen des japanischen Nissan-Konzerns. Dieser zweite Turbo ist der »Frust-Turbo«: Der aufgrund überzogener Muss-Forderungen vorprogrammierte Misserfolg führt dann beispielsweise dazu, dass man sich über sich selbst ärgert und sich dieses Versagen zum Vorwurf macht. Der Psychologe spricht dann vom so genannten »Symptomstress«: Ärger über den eigenen Ärger – Resignation in Bezug auf eigene Resignationstendenzen, Frust über die eigene Unzufriedenheit.

»Symptomstress«: Ärger über den eigenen Ärger

Mit diesen Selbstvorwürfen können wir in ohnehin schwierigen Situationen gewissermaßen immer noch »eins draufsetzen« – als ob der Misserfolg nicht schon ärgerlich genug wäre. So ging es auch dem oben geschilderten Marketingmitarbeiter, der sich lange nach dem ärgerlichen Vorfall noch immer maßlos über die damalige Situation aufregen konnte:

»Das Verhalten meines Vorgesetzten ärgert mich maßlos. Ich sage ihm dann, dass ich sein Führungsverhalten unmöglich finde. Wenn er dann wieder in seiner sachlichen Art reagiert, dann beende ich das Gespräch einfach und ärgere mich hinterher noch tagelang darüber, dass ich es nicht schaffe, ihm meine Meinung deutlich zu machen. Ich werde es wohl nie schaffen, mit dieser Situation klarzukommen. Am besten schmeiße ich alles hin ...«

1.4.4 Wie Sie überzogene Anforderungen positiv umformulieren können

Woran Sie überzogene Anforderungen erkennen können, haben wir oben schon behandelt: einerseits an absoluten Formulierungen wie »immer«, »unter gar keinen Umständen« etc. andererseits an der Verbindung mit dem Wort »müssen« – teilweise noch in der Kombination mit dem verallgemeinernden »man« (*»Da muss man als Vorgesetzter auch die Meinung des Mitarbeiters gelten lassen«*).

Der Druck, der von diesen Formulierungen ausgeht, ist tendenziell ungünstig – abhängig von der Höhe der Anforderungen. Nach dem Prinzip des Drucks funktioniert ja auch der oben schon zu Vergleichszwecken angeführte Turbolader. Während beispielsweise Dieselmotoren herkömmlicher Bauart über bestimmte Leistungsgrenzen einfach nicht herauskamen, wurden mit dem Turbolader bisher unmöglich erscheinende Leistungsgrenzen erreicht. Allerdings um den Preis, dass die Haltbarkeit der Motoren sich deutlich reduzierte. Mittlerweile ist die Technik wieder einen Schritt weiter: Der Turbolader wird zunehmend durch eine Technik ersetzt, die sowohl zu höherer Leistung als auch zu einer besseren Nutzung der Energie führt – ohne zusätzlichen Druck zu benötigen.

Auch Sie können Ihre Ziele Energie sparender erreichen. Insbesondere können Sie das ohne unnötigen emotionalen Energieeinsatz schaffen. Das setzt allerdings voraus, dass Sie für die ungünstigen »Turbolader-Formulierungen« Alternativen finden, mit denen Sie aber zugleich Ihren Prinzipien nicht untreu werden.

Wie Sie Ihre Ziele besser formulieren und so Energie sparender erreichen können

UNGÜNSTIG: *»Mein Vorgesetzter muss auf meine Vorschläge eingehen.«*

GÜNSTIGER: *»Ich werde meine Vorschläge so aufbereiten, dass sie für meinen Vorgesetzten interessant sind. Wenn er trotzdem nicht darauf eingeht, werde ich es bei nächster Gelegenheit wieder versuchen.«*

UNGÜNSTIG: *»Ich kann ungerechtfertigte Kritik einfach nicht akzeptieren.«*

GÜNSTIGER: *»Auch wenn Kritik ungerechtfertigt ist, kann ich etwas daraus lernen, deshalb werde ich erst einmal genau zuhören.«*

UNGÜNSTIG: *»Man muss mir doch die notwendigen Freiräume geben, sonst kann ich das Projektziel nie erreichen.«*

GÜNSTIGER: *»Auch wenn ich nicht alle Freiräume habe, kann ich doch gute Ergebnisse mit dem Projekt erreichen, deshalb mache ich das Beste aus der Situation.«*

UNGÜNSTIG: *»Mein Vorgesetzter muss mehr Interesse an meiner Arbeit zeigen.«*

GÜNSTIGER: *»Ich werde es schaffen, meine Arbeitsergebnisse so zu präsentieren, dass mein Vorgesetzter sich dafür interessiert. Sein Desinteresse ist sicher nicht persönlich gemeint.«*

UNGÜNSTIG: *»Wenn ich nicht sofort mehr Unterstützung bekomme, schmeiße ich alles hin.«*

GÜNSTIGER: *»Ich werde mich weiterhin um die notwendige Unterstützung bemühen – unabhängig davon werde ich anfangen, über berufliche Alternativen nachzudenken.«*

Machen Sie sich auch hier die Mühe, Ihre Hausaufgaben schriftlich zu machen. Die ungünstigen Turboformulierungen stellen einen wichtigen Teil Ihres persönlichen Systems an Überzeugungen dar. Deshalb lassen sich diese Überzeugungen nicht einfach streichen – es ist wichtig, eine positive Alternative zu entwickeln, mit der Sie sich auch identifizieren können.

1.5 Der rationale Ausweg aus emotionalen Fallstricken

Mit hoher Wahrscheinlichkeit haben Sie in Bezug auf die obigen Ausführungen Parallelen zu Situationen ziehen können, in denen Sie selbst nicht den gewünschten Erfolg hatten und von Emotionen geleitet anders gehandelt haben als es logisch und sachlich betrachtet richtig und hilfreich gewesen wäre. Möglicherweise haben Sie sich auch da und dort mehr oder weniger genau selbst erkennen können.

Wenn Sie nun den Entschluss gefasst haben, sich künftig in Situationen gegenüber Vorgesetzten nachhaltig noch erfolgreicher zu positionieren, dann ist die folgende Checkliste Ihr persönlicher roter Faden, mit dem Sie sich an konkreten Situationen orientiert Schritt für Schritt aus individuellen emotionalen Fallen herausbewegen werden.

Nehmen Sie eine Situation als Ausgangspunkt, in der Sie im Sinne des »Cheffing« versucht haben, Einfluss zu nehmen, die aber letztlich für Sie nicht so erfolgreich und zufriedenstellend verlaufen ist wie Sie es sich vorgestellt hatten. Arbeiten Sie dann – am besten schriftlich – die folgenden Fragen der angegebenen Reihenfolge nach durch:

Ihr roter Faden für den Ausweg aus emotionalen Fallen

Frage 1: Was sind die Daten und Fakten der Situation bzw. des Ereignisses?

Frage 2: Welche Gedanken habe ich mir in der Situation gemacht – wie verlief der »innere Dialog«?

Frage 3: Welches Gefühl hat die Situation für mich zum Problem werden lassen?

FRAGE 4:	Sind die Beschreibungen unter Frage 1 wirklich neutral – würde ein neutraler Dritter es genauso beschreiben?
FRAGE 5:	Welche der Gedanken unter Frage 2 sind wirklich realistisch, angemessen und hilfreich?
FRAGE 6:	Welche meiner Anforderungen sind zu dogmatisch oder überzogen?
FRAGE 7:	Durch welche Formulierung will ich die überzogenen Anforderungen künftig ersetzen?
FRAGE 8:	Wie will ich künftig in einer ähnlichen Situation denken, fühlen und handeln?
FRAGE 9:	Was konkret will ich damit erreichen – was ist mein persönlicher Nutzen?
FRAGE 10:	Wann und bei welcher Gelegenheit werde ich mich der Frage 8 entsprechend verhalten?

Das schriftliche Bearbeiten dieser Checkliste ist eine wirklich wichtige Grundlage

Das schriftliche Bearbeiten dieser Checkliste ist eine wirklich wichtige Grundlage, denn nur durch die schriftliche Fixierung und Konkretisierung wird aus einem guten Vorsatz oder einer vagen Absicht eine klare und umsetzbare Zielformulierung.

Wer sich klar durchdachte Ziele setzt und eine sinnvolle Strategie der Umsetzung formuliert hat, kann nach meiner festen Überzeugung kaum noch verhindern, die Ziele zu erreichen! Bei jedem Schritt auf dem Weg zum Ziel ist übrigens die Richtung wesentlich entscheidender als die Größe. Gerade wenn Sie feste Überzeugungen ändern wollen, gilt wieder das bereits angeführte Zitat von Mark Twain: »*Eine schlechte Angewohnheit kann man nicht aus dem Fenster werfen – man kann sie nur Stufe für Stufe die Treppe herunterlocken.*«

Deshalb ist es auch wichtig, dass Sie sich beim Bearbeiten der Checkliste zur Ehrlichkeit sich selbst gegenüber verpflichten – es kostet Sie schließlich nichts, aber es bringt Sie Ihren Zielen deutlich näher, wenn Sie sich nichts vormachen. Deshalb ist es auch wesentlich aufschlussreicher und ergiebiger, wenn Sie die Checkliste möglichst kurz nach einer unbefriedigend verlaufenen Situation bearbeiten – je näher die Eindrücke noch sind, desto präziser haben Sie auch die einzelnen Aspekte parat und desto markanter können die Beschreibungen ausfallen.

2 Lösungswege in schwierigen Konfliktsituationen

Mit dem bisherigen Repertoire werden Sie nun in der Lage sein, die schwierigen Situationen in den Griff zu bekommen, die sich auf einem einigermaßen »normalen« Niveau bewegen. Ein normales Niveau liegt insbesondere dann vor, wenn Ihnen oder Ihrem Vorgesetzten bisher lediglich ein bestimmtes Know-how fehlte oder wenn beide Seiten ein wirklich deutliches Interesse an Veränderungen haben.

Natürlich können Situationen auch eskalieren, dann haben wir es mit einem komplexen Konfliktgeschehen zu tun. Damit wir solche Konflikte von einer gemeinsamen Basis aus betrachten können, sollte eine Definition am Beginn stehen:

Ein Konflikt liegt vor, wenn es einen Unterschied zwischen der aktuellen Situation und dem angestrebten Sollzustand gibt, wenn es mehrere Wege vom Ist zum Soll gibt und wenn es zwischen den beteiligten Personen oder bei den beteiligten Personen unterschiedliche Bestrebungen gibt.

Die Schwierigkeit von Konfliktsituationen steigt dann natürlich auch in dem Maße an, in dem die Interessen auseinander liegen, die Persönlichkeiten der Beteiligten unterschiedlich sind, Spielregeln seit langem etabliert sind und Hierarchie eine herausragende Rolle spielt.

2.1 Die Frage nach dem Konfliktbesitz steht am Anfang

Wer hat den Konflikt – wer hat ihn nicht? – diese Frage sollte sehr frühzeitig geklärt sein. Drei Varianten lassen sich feststellen und recht gut voneinander abgrenzen:

Wer hat den Konflikt – wer hat ihn nicht?

VARIANTE 1: BEIDE HABEN DEN KONFLIKT

Das Bewusstsein für den Konflikt ist bei beiden Konfliktpartnern vorhanden

Angenommen, Sie ärgern sich über das Führungsverhalten Ihres Vorgesetzten; Ihr Vorgesetzter kennt bereits Ihre kritische Einstellung und beschäftigt sich auch mit der Frage nach möglichen Veränderungen, dann haben Sie die günstigsten Voraussetzungen: Das Bewusstsein für den Konflikt ist bei beiden Konfliktpartnern vorhanden – beide sind also im Besitz des Konflikts.

GENERELLE STRATEGIE: Stellen Sie ein gemeinsames Problemverständnis sicher; erarbeiten Sie mit kooperativen Möglichkeiten eine Konfliktklärung; sichern Sie mit klaren Vereinbarungen die Realisierung der gemeinsam entwickelten Lösung ab.

VARIANTE 2: SIE SELBER HABEN DEN KONFLIKT

Sie ärgern sich über das Führungsverhalten Ihres Vorgesetzten – allerdings nur »im stillen Kämmerlein«. Ihrem Vorgesetzten gegenüber lassen Sie sich nichts anmerken und machen gute Miene zum bösen Spiel, denn Sie wollen im Moment keinen Konflikt heraufbeschwören. Dann sind Sie derzeit der alleinige Besitzer dieses Konflikts – Ihr Vorgesetzter weiß nichts davon und kann es auch nicht wissen, es sei denn, er wäre Hellseher.

Machen Sie deutlich, dass Sie einen Konflikt haben

GENERELLE STRATEGIE: Machen Sie Ihrem Vorgesetzten im Rahmen der Feedback-Spielregeln deutlich, dass Sie ein Problem mit seinem Führungsverhalten haben. Wenn Sie ein gemeinsames Problemverständnis erreicht haben, dann gilt es, die Strategie zur Variante 1 weiter zu realisieren.

VARIANTE 3: DER ANDERE HAT DEN KONFLIKT

Sie merken, dass Ihr Vorgesetzter sich schwer tut mit einer strategischen Entscheidung, bei der es unterschiedliche Meinungen innerhalb des Teams gibt; offensichtlich will er niemanden vor den Kopf stoßen. Im Team warten allerdings alle auf seine Entscheidung, damit die künftige Ausrichtung klar ist. Ihrem Vorgesetzten scheint das aber nicht bewusst zu sein – er macht weiterhin keine klare Richtungsaussage.

Fragen Sie im Zweifelsfalle konkret nach

GENERELLE STRATEGIE: Schärfen Sie Ihre Wahrnehmung, um genauer herauszubekommen, warum konkret Ihrem Vorgesetzten diese Entscheidung schwer fällt. Bieten Sie Unterstützung an und machen Sie in der Feedback-Struktur deutlich, dass Ihnen an einer klaren Entscheidung sehr gelegen ist, damit das Team eine klare Orientierung hat.

2.2 Kooperation als tragfähige Konfliktlösungsstrategie

Als Vorgehensweise der Wahl in Konfliktsituationen wird von den meisten Autoren entsprechender Literatur oder von Trainern entsprechender Seminare ein kooperatives Vorgehen empfohlen. Kooperative Vorgehensweisen sind beispielsweise solche, die

Kennzeichen kooperativer Vorgehensweisen

- gemeinsame Interessen in den Mittelpunkt stellen,
- von ehrlichem Interesse an der Sichtweise des oder der anderen geprägt sind,
- Geduld und Akzeptanz für die jeweils andere Seite zur Grundlage machen,
- dadurch gekennzeichnet sind, dass die Beteiligten intensiv aufeinander eingehen,
- auf Druck und Manipulation verzichten,
- sich nicht mit halbherzigen Kompromissen zufrieden geben,
- sich dadurch auszeichnen, dass gemeinsam möglichst mehrere Optionen als Lösungsansätze entwickelt und bewertet werden,
- Lösungen anstreben, die allen Beteiligten in möglichst hohem Maße gerecht werden.

Die Ergebnisse können von allen Beteiligten akzeptiert und getragen werden

Der Vorteil einer wirklich kooperativen Vorgehensweise liegt eindeutig darin, dass die auf diese Weise erzielten Ergebnisse von allen Beteiligten innerlich akzeptiert werden. Dadurch werden Vereinbarungen als Ergebnis einer kooperativen Konfliktlösung auch nicht im Nachhinein wieder in Frage gestellt. Konfliktlösungen, die unter Einsatz von Machtinstrumenten oder durch das Beharren auf Rechtspositionen zustande gekommen sind und bei denen einer der Konfliktpartner seiner Meinung nach die »schlechteren Karten« hat und sich übervorteilt oder nicht verstanden fühlt, werden oft nicht umgesetzt. Vielfältige Vorbehalte und Widerstände tauchen auf, der Wunsch wird laut, noch einmal zu verhandeln. Dann muss häufig viel Energie in weitere Klärungsversuche investiert werden.

Der höhere Zeiteinsatz bringt wirklich nachhaltige Lösungen

Gerade die Bedenken und Vorbehalte gegenüber kooperativen Lösungen, die sich an der Befürchtung des höheren Zeitaufwandes entzünden, sind bei näherem Hinsehen schnell widerlegt. Eine mit vernünftiger Zeitinvestition erarbeitete kooperative Lösung führt dazu, dass ein Konflikt nachhaltig gelöst ist und nicht immer wieder neu ausbricht.

2.2.1 Kooperation ist uns leider nicht in die Wiege gelegt

In vielen Seminaren geht es um die Frage, wie Konflikte konstruktiv und kooperativ gelöst werden können. In Übungen sollen die Seminarteilnehmer in einer spielerisch angelegten Situation einen Konflikt lösen. Hier lässt sich dann in der Regel beobachten, dass sich die Parteien in der Besprechung zur Lösung eines skizzierten Konfliktes schnell und spontan dahingehend verständigen, die jeweils andere Partei als Gegner zu bezeichnen und Strategien entwickeln, wie sie die Konfliktgegner »austricksen« oder »über den Tisch ziehen« wollen. Natürlich so, dass es die anderen nicht merken – also kooperativ verpackt. In der Konfliktklärung wird dann schnell deutlich, was unter der Verpackung verborgen ist und statt einer Lösung findet eher eine Eskalation statt.

Seminarteilnehmer sind dann häufig sehr erschrocken darüber, dass sie sich in einer Situation, in der es letztlich nicht wirklich um etwas geht, derart in eine Eskalation hineingesteigert haben. Dieses Erschrecken ist dann hilfreich, wenn es die Erkenntnis fördert, dass Kooperation eben nicht das primäre und spontane Verhalten des Menschen ist, sondern dass es wohl eher Verhaltenstendenzen zu geben scheint, die von dem Wunsch getragen sind, dass man am liebsten als Sieger aus einer Konfliktsituation gehen möchte.

Der Verlauf des inneren Dialoges beeinflusst auch das Verhalten in Konfliktsituationen

Die Frage mit welcher Grundeinstellung Sie in Konfliktsituationen hineingehen und mit welchem Erfolg Sie herausgehen werden, hängt natürlich wieder sehr stark vom Verlauf Ihres inneren Dialoges ab. Dieser Dialog ist – wie wir in den vorherigen Ausführungen herausgearbeitet haben – getragen von Überzeugungen und Prinzipien das Ergebnis eines langen Lernprozesses, in dem wir unbewusst bestimmte Erfahrungen gemacht haben.

Die Glaubenssätze, die zu ungünstigem Verhalten in Konfliktsituationen führen, tendieren in zwei Richtungen.

SZENARIO A: DIE DURCHSETZUNGSORIENTIERTE UND KÄMPFERISCHE VARIANTE

Hier liegen Überzeugungen zugrunde wie zum Beispiel: *»Ich muss mich unbedingt durchsetzen, damit ich ernst genommen werde!«* oder *»Herr XY muss merken, wer hier die fundierteren Erfahrungen hat!«* oder *»An Kompromisslösungen ist immer etwas faul!«*

SZENARIO B: DIE NACHGEBENDE UND UNTERORDNENDE VARIANTE

Hier wirken Grundeinstellungen, wie zum Beispiel: *»Aus dieser Position heraus kann man ohnehin nichts erreichen!«* oder *»Ich kann einfach meine Argumente nie überzeugend genug vortragen, deshalb ziehe ich immer den Kürzeren!«* oder *»Herr XY hat eine Art, sich durchzusetzen, gegen die kann man einfach nichts machen!«*

Auch hier gilt es wieder, sich bewusst zu machen, inwieweit ungünstige und hemmende Einstellungen und Überzeugungen das eigene Verhalten so stark beeinflussen, dass man sich selbst und anderen bei einer erfolgreichen Konfliktlösung im Wege stehen wird.

Wer sich unbedingt durchsetzen will, provoziert automatisch Widerstände

Wer gemäß Szenario A) mit dem »Turbo« *»Ich muss mich durchsetzen«* versucht, einen Konflikt mit einem Vorgesetzten zu klären, wird automatisch Mittel und Mechanismen einsetzen, die auf der anderen Seite entweder zu massivem Widerstand führen oder den anderen nachgeben lassen, ohne dass er überzeugt worden wäre. Fühlt sich der Konfliktpartner abschließend als Verlierer, wird er unbewusst versuchen, bei einer nächsten Gelegenheit als Sieger aus dem Konflikt hervorzugehen. So sind künftige Eskalationen oder Pattsituationen schon vorprogrammiert.

Wer sich von vornherein in einer Verliererhaltung sieht, wird seine Interessen nicht gut vertreten können

Aber auch das Verhalten gemäß Szenario B) ist wenig hilfreich und zielführend. Wer schon mit einer Verliererhaltung in den Konflikt geht, wird im Sinne einer selbsterfüllenden Prophezeiung unbewusst vieles dazu beitragen, dass der Konfliktpartner sich durchsetzen kann. Als Verlierer aus dem

Konflikt zu gehen, ist sicher nicht sonderlich motivierend. Letztlich bleiben im Extrem nur Selbstmitleid und vielleicht die Bestätigung *»Ich habe es ja schon vorher gewusst«.*

2.3 Die richtige Form der Empathie entwickeln lernen

Das Phänomen der Empathie hat eine entscheidende Bedeutung, wenn Sie in Konfliktkonstellationen wirkungsvoll auf Ihren Vorgesetzten Einfluss nehmen wollen. Wenn Sie versuchen, Konfliktpartnern emphatisch im Sinne der folgenden Definition zu begegnen, werden Sie vermutlich noch mehr an Konflikten vermeiden oder klären können als bisher:

Empathie ist die Bereitschaft und die Fähigkeit, zu verstehen, wie ein anderer denkt, fühlt und handelt, ohne ihm dabei unbedingt Recht zu geben.

Wer die Situation des anderen im Ansatz nachvollzieht, kann wirkungsvoller auf ihn einwirken

Sie können gelassener und damit sachlicher und zielgerichteter in Konflikten agieren, wenn Sie zunächst einmal versuchen, sich in die Situation Ihres Vorgesetzten »hineinzufühlen«. Auf dieser Grundlage können Sie wirkungsvoller auf ihn Einfluss nehmen, um dann in der Sache konsequent zu bleiben, ohne sich emotional in den roten Bereich zu bewegen. Das hieße also beispielsweise mit folgenden Grundhaltungen in Gespräche zu gehen:

»Ich kann verstehen, dass mein Vorgesetzter unter Zeitdruck steht und ungeduldig ist. Trotzdem werde ich nicht eher aus dem Gespräch gehen, bis wir eine klare Vereinbarung haben oder einen neuen Termin vereinbart haben.« oder

»Ich kann nachvollziehen, dass mein Vorgesetzter sich mit einer Entscheidung schwer tut. Weil wir im Team aber eine klare Richtung brauchen, werde ich ihm in aller Ruhe deutlich machen, dass wir ohne klare Entscheidung das Thema XY nicht mehr sinnvoll weiter bearbeiten können.«

Mit Empathie ist also nicht gemeint, Ihre Position aufzugeben oder hintanzustellen – Empathie meint hier, dass Sie es leichter haben werden, mit einer gewissen Gelassenheit und Souveränität Ihre Absichten zu vertreten und legitime Ziele zu erreichen, wenn Sie dies auf der Grundlage einer bedingten Akzeptanz des Führungsverhaltens Ihres Vorgesetzten angehen. Diese Form der Empathie bekennt sich wieder ganz klar zur Einflussnahme auf den Vorgesetzten und definiert die Rolle des aktiven »unternehmerisch« denkenden Mitarbeiters, der »Cheffing« zu einem wichtigen Handlungsprinzip macht.

2.3.1 Das Persönlichkeitsprofil Ihres Vorgesetzten als Strukturhilfe für Empathie

Zu welcher Verhaltensdisposition tendiert Ihr Vorgesetzter?

In Teil C dieses Buches hatten Sie Gelegenheit, aus Ihren eigenen Verhaltenstendenzen Rückschlüsse auf Stärken und Stolpersteine der eigenen Persönlichkeitsstruktur zu ziehen. Wenn Sie dieses Modell auf Ihren Vorgesetzten übertragen, werden Sie leicht einordnen können, welchen Persönlichkeitstypus er tendenziell repräsentiert. Dann werden Ihnen die folgenden Tipps helfen, sich generell und speziell in Konfliktsituationen emphatisch zu verhalten.

WENN IHR VORGESETZTER ZUM TYPUS »AKTIVER DURCHSETZER« GEHÖRT, DANN SOLLTEN SIE:

- bewusstes Interesse an seiner Meinung demonstrieren,
- im Gespräch direkt, kurz und themenbezogen vorgehen,
- Zähigkeit und Widerstand in Diskussionen beweisen,
- ihm gezielt auch die Initiative für Lösungen überlassen,
- souverän bleiben und sich nicht einschüchtern lassen.

SOLLTE ER ZUM TYPUS »BEGEISTERNDER« TENDIEREN, DANN ACHTEN SIE DARAUF, DASS SIE:

- freundlich und locker auf ihn zugehen,
- Flexibilität und Spontaneität im Vorgehen zeigen,
- ihm ausreichend Zeit lassen, seine Ideen einzubringen,
- ihn aktiv unterstützen, seine Ideen auf den Punkt zu bringen und zu konkretisieren,
- jederzeit einen partnerschaftlichen Umgang pflegen.

BEIM VORGESETZTENTYPUS »ZUVERLÄSSIGER« WIRD ES VOR ALLEM WICHTIG SEIN, DASS SIE:

- Konflikte systematisch und objektiv angehen,

- Ihre Absichten genau und ruhig erklären,
- echtes Interesse an seiner Meinung zeigen,
- immer wieder auf übergeordnete Ziele hinweisen,
- Lösungen gemeinsam und schrittweise entwickeln.

DER VORGESETZTE VOM TYPUS »GENAUER ANALYTIKER« BAUT AUF MITARBEITER, DIE:

- ihm detailliert ihre Erwartungen erläutern,
- ausreichende Detailinformationen parat haben,
- nur Zusagen machen, die Sie auf jeden Fall einhalten,
- seine Erfahrungen und Kenntnisse ernst nehmen,
- ihn mit Genauigkeit und Präzision korrekt unterstützen.

2.4 Wie Sie »SOS-Konstellationen« schnell erkennen

SOS = »same old story« Es laufen immer wieder die gleichen Verhaltensmuster ab, ohne dass sich etwas verändert

Es gibt einen bestimmten Typus an Konflikten, den ich gerne als »SOS-Konflikt« bezeichne – SOS steht hier allerdings nicht für das bekannte Notrufzeichen, sondern für »same old story«. Gemeint sind hiermit Konstellationen, in denen zwischen zwei oder mehreren Beteiligten immer wieder die gleichen Verhaltensmuster und Prozesse ablaufen, ohne dass sich nachhaltig etwas zum Positiven wendet.

SOS-KONSTELLATIONEN SIND DARAN ZU ERKENNEN, DASS

- eine bestimmte Konflikt- oder Problemsituation sich trotz wiederholter Anstrengungen nicht nachhaltig auflöst,
- die beteiligten Parteien versuchen, den Konflikt immer wieder mit den gleichen Mitteln zu lösen,
- die Beteiligten irgendwann keine Chance mehr sehen, den Konflikt zu lösen.

Es fällt den Beteiligten dann zunehmend schwer, den so entstehenden Teufelskreis aus Resignation einerseits und Aggression andererseits zu durchbrechen und konstruktive Lösungen zu initiieren. Je nach grundlegender Verhaltensdisposition entsteht dann oft entweder die bekannte Opferhaltung *»Ich schaffe das nie«* oder auch die Blender-Haltung *»Ist doch alles gar nicht weiter schlimm«*.

Wenn es in dieser Situation gelingt, die bisherigen Lösungsversuche von einem neutralen Standpunkt aus zu analysieren, fällt auf, dass immer wieder der gleiche Mechanismus zum Tragen kommt. Die Beteiligten verhalten sich so, wie sich ein schlechter Arzt verhalten wird, dessen Medikament nicht anschlägt: Er schlägt zunächst einmal vor, die Dosis des Medikaments zu erhöhen – und wenn das immer noch nicht hilft, dann wird die Dosis noch ein weiteres Mal erhöht.

Analog verhält sich beispielsweise der Mitarbeiter, der versucht, seinem Vorgesetzten mit vorsichtigen Formulierungen klarzumachen, dass es im Sinne der Termintreue generell besser wäre, wenn er die Unterschriftsmappen schneller bearbeiten würde. Wenn der Vorgesetzte dann nicht entsprechend reagiert, wird der Mitarbeiter in seinen Formulierungen noch diplomatischer und vorsichtiger, weil er annimmt, dass sein erster Versuch vielleicht zu stark beeinflussend gewesen ist. Wenn das auch nichts ändert, wird er seine Mahnung noch besser verpacken und versuchen, sie noch vorsichtiger an den Mann zu bringen.

Ein anderes Beispiel ist der Mitarbeiter, der – ähnlich dem bereits öfter angeführten Marketingmitarbeiter – gewohnt ist, seine Kritik am Verhalten des Vorgesetzten ohne Umschweife und direkt auszusprechen. Wenn das nicht zu einer Änderung führt, wird er beim nächsten Vorfall noch heftiger und markanter kritisieren. Bei jedem weiteren negativen Erlebnis legt er noch eins drauf – schließlich platzt ihm jedes Mal der Kragen, er wird laut, unsachlich und unnötig emotional.

Das Problem ist nur, dass sich nichts ändert. Es liegt also auf der Hand: Der Versuch, solche SOS-Konstellationen dadurch aufzulösen, dass man sein vermeintliches Erfolgsrezept immer wieder mit jeweils noch höherer Intensität einsetzt, fruchtet nicht.

Ohne Prüfung der Situation auf vermeintlichen Erfolgsrezepten zu beharren, ist wenig sinnvoll

2.4.1 Zwei Grundbedingungen für das Auflösen von SOS-Konstellationen

1. Stellen Sie sicher, dass die Vorgehensweise auch situationsangemessen ist

Für den Mitarbeiter, der ein Problem mit dem Vorgesetzten in einer bestimmten Art und Weise nicht lösen kann, wäre es besser, noch einmal der Frage nachzugehen, was den Konflikt wirklich ausmacht und dann mit anderen Methoden und Vorgehensweisen zu versuchen, den Konflikt zu klären.

So würde auch ein guter Arzt, dessen Therapie nicht anschlägt, zunächst noch einmal zu prüfen, ob Anamnese und Diagnose wirklich zutreffend waren, um nach entsprechender Überprüfung ein anderes Medikament zu verschreiben.

rechtzeitig die Pferde wechseln, wenn eine Strategie über einen gewissen Zeitraum hinweg erfolglos bilieb

So könnten die oben angeführten Mitarbeiter versuchen, ihr Klärungsgespräch einmal ganz bewusst in einer anderen Art und Weise anzugehen. Das heißt, dass der Aggressive sich darauf konzentriert, sein Gespräch ruhig und sachbezogen zu führen und dass der ruhige und übervorsichtige Mitarbeiter sich Mut macht und seine Argumente ohne Aufweichungstendenzen und Relativierungen klar und konfliktbereit formuliert und auf einem für ihn wirklich zufrieden stellenden Gesprächsergebnis beharrt.

2. Stellen Sie sicher, dass Sie wirklich das richtige Thema ansprechen

Eine sehr wichtige Grundbedingung für das wirksame Auflösen von SOS-Konstellationen ist es, zu erkennen und zu definieren, was das eigentliche Gesprächsthema sein muss.

Ein Mitarbeiter ärgert sich immer wieder darüber, dass sein Vorgesetzter in seinen schriftlichen Ausarbeitungen kleine Änderungen vornimmt. In Gesprächen über diese – wie er es nennt – »Stilübungen« diskutiert er immer wieder mit seinem Vorgesetzten über die Formulierungen und versucht – meist ohne nachhaltigen Erfolg – seine Ausdrucksweise zu verteidigen und einzelne Formulierungen zu retten.

lediglich die Spitze des Eisbergs: das »Primärproblem«

Dieser Mitarbeiter verhält sich so wie die meisten – er definiert das nahe liegende Sachthema als Gesprächsthema. Damit bewegt er sich auf der Ebene des so genannten »Primärproblems«. Stellen Sie sich einen Kasten mit Karteikarten vor: Die vorderste sofort sichtbare Karteikarte stellt gewissermaßen das Primärproblem dar. Wenn man diese Karte umlegt und auf die nächste Karte schaut, findet man weitere Inhalte. Genauso ist der Unterschied zwischen Primärproblem und Sekundärproblem zu sehen. Das Primärproblem ist das lediglich an der Oberfläche erscheinende Sachproblem

– die eigentliche Konfliktursache liegt aber in dem dahinter verborgenem »Sekundärproblem«. Die Klärung des Sekundärproblems löst erfahrungsgemäß das Primärproblem von selbst.

Wenn der Mitarbeiter im Beispiel nun gewissermaßen in seinem »Karteikasten« weiterblättert, stellt er vielleicht als Sekundärproblem fest, dass das eigentliche Thema für das Gespräch mit dem Vorgesetzten das Verständnis von Delegation sein sollte. Er sollte also nicht über die »Stilübungen« reden, sondern mit seinem Vorgesetzten eine Klärung über die Frage herbeiführen, wie sichergestellt wird, dass Delegation auch die Verantwortung für die inhaltliche Gestaltung von Schriftstücken beinhaltet. Denn wenn dieses Thema geklärt ist, erübrigen sich viele der kurzen situativ geführten Diskussionen um Wortspielereien. Damit werden gleichzeitig die Anlässe für Ärger oder Frust geringer und so wird generell die Mitarbeiter-Vorgesetzten-Beziehung nachhaltig gestärkt.

die eigentliche Konfliktursache: das »Sekundärproblem«

Achten Sie also in Konfliktsituationen – insbesondere aber in SOS-Konstellationen darauf, dass Sie nicht über das Primärproblem reden, sondern dass Sie das dahinter liegende Sekundärproblem thematisieren. Mit der Klärung des Sekundärproblems bewirken Sie in der Regel eine langfristig tragfähige Veränderung und können sich unbelastet Ihren Kernaufgaben widmen.

Zum Abschluss

Im letzten Teil dieses Buches haben Sie nun gewissermaßen noch das »Sahnehäubchen« in der Kunst des »Cheffing« erfahren. Es liegt nun an Ihnen, was Sie daraus machen werden. Sie wissen, dass eine aktive Mitarbeiterrolle viele Vorteile mit sich bringt, aber auch Initiative verlangt und da und dort auch Überwindung kosten wird. Überwindung eigener Motivationsblockaden, aber auch Überwindung von Widerständen aufseiten von Vorgesetzten.

Auf Ihrem künftigen beruflichen Weg wünsche ich Ihnen die notwendige Mischung zwischen Gelassenheit und Veränderungswillen, die Fähigkeit, in der richtigen Situation das Richtige zu tun und immer wieder auch Herausforderungen, an denen Sie sich gezielt weiterentwickeln können.

Das professionelle 1 x 1

Dieter Herbst
PUBLIC RELATIONS
1997. 180 Seiten.
Kartoniert. Mit teils farbigen Beispielen
26,80 DM
ISBN 3-464-49031-9

Dieter Herbst
CORPORATE IDENTITY
1998. 176 Seiten.
Kartoniert. Mit teils farbigen Beispielen
26,80 DM
ISBN 3-464-49032-7

Mike Barowski
TEXTGESTALTUNG
1997. 176 Seiten.
Kartoniert. Mit zahlreichen teils farbigen Beispielen. 26,80 DM
ISBN 3-464-49033-5

Joachim W. Steuck
GESCHÄFTSERFOLG IM INTERNET
1998. 176 Seiten.
Kartoniert.
26,80 DM
ISBN 3-464-49015-7

Jörg Brandt u.a.
AKTIV VERKAUFEN – BESSER VERKAUFEN
1998. 180 Seiten. Kartoniert. Mit zahlreichen Beispielen. 26,80 DM
ISBN 3-464-49036-x

Klaus Schwantes
ZEITARBEIT
1998. 172 Seiten.
Kartoniert.
26,80 DM
ISBN 3-464-49042-4

Burkhard G. Busch
AKTIVE KUNDENBINDUNG
1998. 176 Seiten.
Kartoniert.
26,80 DM
ISBN 3-464-49041-6

Franz-J. Kneider
SICHER AUF DEN EURO UMSTELLEN
1999. 160 Seiten.
Kartoniert.
26,80 DM
ISBN 3-464-49024-6

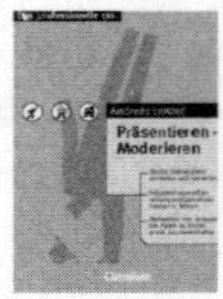

Andreas Lenzen
PRÄSENTIEREN – MODERIEREN
1999. 176 Seiten.
Kartoniert.
26,80 DM
ISBN 3-464-49046-7

Erhard Schätzlein
Ines Rothe
KUNDENORIENTIERT KORRESPONDIEREN
1999. 192 Seiten.
Kartoniert. 26,80 DM
ISBN 3-464-49045-9

Burkhard G. Busch
ERFOLG DURCH NEUE IDEEN
1999. 208 Seiten.
Kartoniert.
29,80 DM
ISBN 3-464-49023-8

Brockhagen/Kowitz
TELEARBEIT
1999. 176 Seiten.
Kartoniert.
24,80 DM
ISBN 3-464-49025-4

Dieter Herbst
INTERNE KOMMUNIKATION
1999. 176 Seiten.
Kartoniert.
24,80 DM
ISBN 3-464-49038-6

Hans-Michael Klein
KUNDENORIENTIERT TELEFONIEREN
1999. 176 Seiten.
Kartoniert.
24,80 DM
ISBN 3-464-49021-1

Joachim Steuck
BUSINESS PLAN
1999. 176 Seiten.
Kartoniert.
26,80 DM
ISBN 3-464-49028-9

Burkhard G. Busch
ERFOLG MIT MITARBEITERN IN KLEINEREN UNTERNEHMEN
2000. 176 Seiten.
Kartoniert. 26,80 DM
ISBN 3-464-49044-0

Mike Barowski
Achim Müller
ONLINE-MARKETING
2000. 176 Seiten.
Kartoniert. 26,80 DM
ISBN 3-464-49071-8

Dieter Herbst
ERFOLGSFAKTOR WISSENSMANAGEMENT
2000. 192 Seiten.
Kartoniert. 26,80 DM
ISBN 3-464-49072-6

Heinz-Jürgen Herzlieb
ERFOLGREICH VERHANDELN UND ARGUMENTIEREN
2000. 186 Seiten.
Kartoniert. 26,80 DM
ISBN 3-464-49022-x

Klaus Beckmann/
Rolf Müller-Martin
ERFOLGREICHE MESSEAUFTRITTE
2000. 176 Seiten.
Kartoniert. 26,80 DM
ISBN 3-464-49070-x

Katrin Hansen
ZEIT- UND SELBSTMANAGEMENT
2001. 192 Seiten.
Kartoniert. 26,80 DM
ISBN 3-464-49020-3

Dieter Herbst
ONLINE-PUBLIC RELATIONS
2001. 176 Seiten.
Kartoniert. 26,80 DM
ISBN 3-464-49075-0

Burkhard B. Busch
Alfred Hölzner
AKTIEN UND BÖRSE – 61 ANTWORTEN FÜR EINSTEIGER
2001. 208 Seiten.
Kartoniert. 29,80 DM
ISBN 3-464-49047-5

Brigitte Arms
LOCAL-MARKETING
2001. 176 Seiten.
Kartoniert. 26,80 DM
ISBN 3-464-49081-5